現場で役立つ

# 小学校国語科教育法

牛頭哲宏・森篤嗣 著

改訂版

ココ出版

# はじめに

牛頭哲宏

大学を卒業し、初めて小学校の教壇に立って国語科の授業をすることを思い描いてください。楽しくワクワクする授業、感動する授業、真剣に話し合う授業など、あなたと子どもたちが一体となった活気に満ちた授業を夢見ることでしょう。そのような授業ができる教師を目指すために、教科の専門的な知識や指導技術など様々な力を身に付けて欲しいのです。

国語科教育は奥が深く、学べば学ぶほどその魅力に取り付かれます。物語文や説明文などの「読むこと」、作文や日記指導などの「書くこと」、スピーチやプレゼンテーションなどの「話すこと・聞くこと」、日本の伝統文化である古典、毛筆や硬筆書写、言語に関する基礎知識など、教えることはたくさんあります。それらを教えるために自らが学ばなくてはならないことは、学生時代のみならず教師になってからも尽きることはないでしょう。

本書には、現場教師の技と研究者の理論を織り交ぜた、国語科の授業を作り上げるための知恵が詰まっています。それだけではなく、授業を体験する「やってみようコーナー」も設けました。授業では、目の前にいる大勢の子どもとコミュニケーションを取らなければ成立しません。そのためのトレーニングとして、大学の授業において、先生と子どもとのやりとりを疑似体験します。自分から積極的に他者に働きかけ、他者からの問いかけに反応できるコミュニケーションの力も身に付けてください。

大学を卒業した次の週には、新規採用教員として小学校に赴任し、その次の週には、担任として教壇に立つかも知れません。その日のために学ぶことはあまりにも多く、大学生活はあまりにも短いのです。大いに学び、力を蓄えてください。

教育実習でも体験することと思いますが、現場に出てしまうと毎日がエキサイティングです。長らく働いている先輩教師も、新人のあなたに教えたいことはたくさんあるでしょうが、誰もが忙しく、親切に教えてもらえることは少ないかも知れません。私自身も、先輩教師から「ああしなさい、こうしなさい」と教えられたことはあまりありませんでした。ただ、「あの先生のようになりたい」と尊敬する先輩教師の授業展開や指導技術、教師としての話術を真似し、自分なりに工夫しては何度も失敗し、その度に少しずつ学んできました。

自ら学び、自ら実践することによって一人前の教師に成長することができます。現場では皆そうやって地道に授業の技を磨き、より良い授業ができる教師を目指しています。「現場での実践」――そこには経験があり、コツがあり、ノウハウがあるのです。

大切なことは、自ら学ぶ姿勢です。学生の時から、求めて学ぶ姿勢を身に付けてください。学びへの意欲と姿勢があなたの教師としての価値を決めるのです。

そのために、まずは、本書からスタートして国語科の魅力を感じて欲しいと思います。

現場は、自ら学ぶ力を身に付けた若いあなたを心待ちにしています。

## 大学関係者の皆様へ

本書を利用した講義では、以下のようなシラバス例が考えられます。教員志望の学生が、国語科教育に興味を持ち、実際の授業に役立つ力量を形成できるよう、本書を大いに活用していただければと思います。

### 授業概要

小学校における国語科の授業について基礎的な知識を習得するとともに、実際の教育現場で役立つ指導法について、講義形式とグループワーク形式にて具体的に考える。

国語科学習指導案の作成や模擬授業を通して、発問や板書なども含めた実践的な指導方法の習得を目指す。

小学校学習指導要領に基づいた各学年の目標と内容を学ぶとともに、様々な言語活動（書写を含む）の指導方法についても学ぶ。

### 到達目標

教育実習において必要な国語科指導の基礎知識について具体例を通して理解する。

将来、教壇に立った際に役立つ国語科の指導法を身に付ける。

### 授業方法

講義形式をとるが、随時、発問を行うので、それを契機とした参加者同士の討論によって考えを深めることを目指す。
履修および予習・復習についての指示を行う。
発問に対しては積極的な反応を期待する。

**授業計画**

第一回　国語って、何を教える教科？
第二回　授業時間の四十五分をどう生かすか
第三回　子どもが食いつく発問のテクニックとトレーニング
第四回　子どもの発言を目に見える形にする板書メモのテクニックとトレーニング
第五回　場面の読み取りを大切にする物語の授業
第六回　理科や社会科にならないための説明文の授業
第七回　書けない子でも書けるようにする作文の授業
第八回　声に出して味わう古典の授業
第九回　討論や発表を楽しむ授業
第十回　漢字指導は国語科指導のいろはのい
第十一回　字形と書く速さを意識する書写の授業
第十二回　個人差への対応と机間巡視
第十三回　先生の言葉遣い
第十四回　学んだ実感を味わわせるポートフォリオ評価
第十五回　まとめ

## 成績評価の方法と基準

定期試験（五〇%）、提出物（三十%）、ポートフォリオ（二十%）の割合により評価を行う。

テキスト

牛頭哲宏・森篤嗣『現場で役立つ小学校国語科教育法』ココ出版

参考文献

「平成二九年告示　小学校学習指導要領」文部科学省

# 目次

1章

# 国語って、何を教える教科？

この章のねらい

- 国語科とはどのような教科なのか理解する
- 「言葉の力」の基礎・基本について学ぶ

小学校教師として国語科の授業をしているあなたが、小学生に「先生、国語は何のために勉強するのですか？」と問われたとしましょう。あなたはどのように答えますか？

この章では「国語科とは何か」という問いをスタートに、国語科を教えることの意義やその方法について考えてみましょう。

## 「言葉の力」を、どのように身に付けさせ、発達させるか

「物語を読む・作文を書く・スピーチをする・漢字を覚える」など、小学生の頃の自分を振り返ってみると、様々な学習をしてきたことが思い出せると思います。その学習によって、あなたはどのような力を身に付けたのでしょうか。「読む力」「書く力」「話す・聞く力」「言葉に関する知識」など、多くの「言葉の力」を身に付けたはずです。

生まれてから小学校を卒業するまでの十二年間で、子どもたちは生活の様々な場面において

必要になる基本的な言葉の力を身に付けます。もちろん、それらの力は学校だけで身に付けるのではありません。特に話し言葉については、家庭での会話や友達との遊びの中で、自然に覚えてしまうことも多いでしょう。一方、文章を読んだり書いたりすることについては、学校での学習によって身に付くことが多いのではないでしょうか。

言葉の力を身に付けるには、学校での学習と日常生活での活用が程よくバランスの取れた状態であることが理想的です。さらに、身に付けた言葉の力をより良いものに発達させるには、自分の言葉の使い方を自覚することが、どうしても必要になってきます。自分の言葉の使い方について無自覚なままでは、いつまで経っても幼児のような自分中心の言葉の使い方しかできず、豊かな言葉の生活を他者との関係の中において営むことはできません。

そこで、意図的、計画的に言葉の自覚を促すことを目的とした言葉の学習と、それを教えるための教育環境が必要になるのです。

## 言葉の使い方だけでなく、認識力や思考力も伸ばす

人が成長するには、言葉を覚え、言葉を使って考え、他者と伝え合うことが必要です。それらの行為の繰り返しによって、言葉の使い方が上達し、言葉によって物事を捉える力や物事について考える力も向上していきます。例えば、小学校では日記を書かせます。これは、日常生活での出来事を書き言葉によって他者に伝えるトレーニングであると同時に、物事に対する認識や思考力を育成するための学習でもあるのです。

低学年では、生活場面で見つけた小さな疑問や驚きを、「せんせいあのね」という書き出しで文章表現し、日記を書くという作文指導があります。

先生あのね、きのう、田んぼでかえるをみつけたよ。きみどりかえると、ちゃいろいかえるがいたよ。ちゃいろいかえるはくそがえる。きみどりいろのかえるはあまがえるという名まえです。きみどりがえる、ちゃいろがえるだったらいいのに。

小学一年生が書いたこの日記には、教師が次のようにコメントします。

きみどりがえる、ちゃいろがえるだったら、わかりやすいですね。あまがえるというのはどうして「あま」なんでしょう。くそがえるというのはどうして「くそ」なんでしょうね。わかったら先生に教えてね。

このコメントを読んだ子どもは、次の日にこのような日記を書いてきました。

先生あのね、おじいちゃんがあまがえるのあまは雨のことだといいました。雨がふる日にいっぱい出てきて、ケロケロなくから雨がすきなんだって。くそがえるは、むかしからくそがえるで、さわるとくさいからです。ちゃいろがえるもかわいいのにかわいそうです。

この日記に対して、教師は次のようにコメントしました。

アマガエルのあまは雨のことだったのですね。そういえば雨がふりそうなくものことも「アマグモ」といいますね。よくしらべました。えらかったよ。

もし、できたらアマガエルをはこに入れてかってごらんなさい。

アマガエルを箱に入れて飼った子どもは、次の日にどのような日記を書いてきたでしょう。

先生あのね、あまがえるがよるになったら、ちゃいろみたいな、はいいろみたいなかえるにかわってました。びっくりしておじいちゃんをよんだら、「おお、いろがかわっとるなあ」といいました。へんないろでもくそがえるとよばないようにします。

この日記では、日を追う毎に子どものカエルに対する認識が深まっている様子が見て取れます。表現の方法はまだまだ未発達ですが、それでも基本要素である、「時間・人物・場所・出来事」は押さえられています。

小学校低学年を担任する教師は、日記を書かせるときには「いつ、どこで、だれが、なにをして、どうなったか」という観点で書くことを繰り返し指導しますから、子どももそれらの決まり事を守って書くことを心がけています。この子どもは、この後も継続して日記を書き、何度も指導されていくうちに、書きたいことの順序を組み立て、相手に一番伝わりやすいように文を書くことを学んでいくでしょう。

さらに、カエルを見つけたという日常生活の何気ない出来事が、日記指導という教育活動によって取り上げられ、対象への認識や、言葉に関する学習へと高められています。言葉に関する学習へと高めるためには、教師の書くコメントは重要です。子どもの発見を無意味に終わらせることなく、意味あるものにするために、教師が「教えてね」と次の課題を提示しています。カエルの名前の由来など、教えてしまえば簡単なことですが、教師は辛抱強く待つのです。すると、子どもは祖父にカエルの名前の由来について聞き、学んだことを記します。アマガエルの「アマ」が「雨」のことだと知り、同時に「雨」を「アマ」と呼ぶことも覚えるのです。さらに、教師が「アマグモ（雨雲）」という言葉を教え、語彙が増えていくのです。まさに言葉の教育です。そして極めつけなのが、「アマガエルを箱に入れて飼ってご覧なさい」というコメントによって、さらなる発見と驚きへと子どもを誘い、学びの方向に導くこともできています。

このように、小学校で学ぶ基礎的な言葉の力が生活の中で生かされ、同時に、生活の中で疑問に思ったことや気付いたことが学校教育での学習として取り上げられることが、子どものものの見方や考え方を深めることへとつながっていくのです。

小学校における国語科とは、どのような意味を持った教科であるか、日記指導を例にその一端を紹介しました。言葉の使い方だけではなく、認識力や思考力も伸ばすという意味が、少しお分かりいただけたでしょうか。

## 教科書から何を学ぶか

国語科以外の教科では教科書を読めばそこに習得すべき知識や方法が書いてあります。例えば、算数科の教科書は、計算や図形に関する基礎知識や法則などについて、読めば分かるようになっています。では、国語科の教科書に掲載されている物語文や説明文のような読み物はどうでしょう。例えば、令和二年度版の国語科の教科書に掲載されている説明文『ウナギのなぞを追って』（光村図書　四年生）を読むと、ウナギがどのような生物であるのかといった知識や魚の産卵行動などについての認識を深めることになりますが、それは国語科における第一の目的ではありません。第一の目的は、『ウナギのなぞを追って』を読んで、説明の組み立て方を学んだり、自分の考えをまとめたりすることです。

国語科は、言葉の学習を目的とする教科です。算数科や理科のように、書かれている内容そのものについて学ぶのではなく、書かれている内容を通して、言葉の使い方を学ぶのです。「内容（ウナギの生態）についての理解はしなくてよい」「筆者のウナギ研究に対する情熱を感じる必要はない」ということではありません。もし、そうであるならば、そもそも、『ウナギのなぞを追って』のような科学的説明文を読ませる必要はなく、「説明文の組み立て方」とか、「筆者の主張の読み解き方」のように、言葉の使い方のマニュアル本のようなものが教科書になるはずです。

ここで、言葉について少し考えてみましょう。言葉には、「認識・表出・伝達」の機能があります。ある対象について、言葉によって比較したり関連付けたりして認識し、言葉を使って根拠を明らかにし、言葉を組み立てて他者に自分の考えを伝えるということです。そのようにして私たちは言葉を思考・伝達の手段として使っていますから、言葉によって書き表された文章には、当然ながら書き手の考えや、その人の考え方の基になっている思想が含まれます。筆者の考え方やその根底にある思想を読み取る力を養うことも、国語科の大切な目的の一つです。

『ウナギのなぞを追って』の例では、ウナギについて興味を持ち、自然環境や魚の生態について認識を深めることや、筆者の長きにわたる研究と、それを支えた情熱にこめられたメッセージを読み取ることも、大切な目的となるのです。

教科書を通して学ぶべきことは、「言葉の使い方の習得」と「認識を広げ思考を深めること」の二つであると言えるでしょう。「言葉の使い方の習得」とは、「読み解き方や書き方などの言語技術の習得」などと言い換えることができます。「認識を広げ思考を深めること」とは、「多様なものの見方を養い、深い考えを持つ」と言い換えることができます。

そして、それらを学ばせるために、教科書をどのように読ませ、どのように考えさせればよいか、様々な学習の方法を考え、実行するのが教師の仕事です。言ってみれば、『ウナギのなぞを追って』というドキュメンタリーを使ってクイズ番組を作るプロデューサーと、司会者やタイムキーパーなどの番組スタッフを兼ねた存在が、教師です。

ここで、小学生の頃を思い出し、次の質問に答えてみてください。

- 国語の時間といえば何をしたことを真っ先に思い出しますか？
- 国語の時間に読んだ物語の中で一番よく覚えているのは何ですか？
- 国語の時間に書いた作文では、先生がどんなアドバイスをしてくれましたか？
- スピーチなどの話す・聞く活動で思い出すことは何ですか？
- 書写の時間には何をしましたか？
- あなたは国語の授業が好きでしたか？

## 国語科における基礎・基本とは

小学校は基礎・基本を学ぶところです。では、国語科における基礎・基本とは何でしょう。基礎は覚えなければならない言葉の知識、基本とは言葉を使いこなす力と言い換えて説明しましょう。

基礎＝覚えなければならない言葉の知識
基本＝言葉を使いこなす力

小学校の教師は「基礎＝覚えなければならない言葉の知識」を次のように子どもたちに伝えます。

- 新しく出てきた言葉はできるだけ多く覚えましょう。
- 卒業するまでに一〇二六文字の漢字を覚えて使えるようになりましょう。
- 正しい文章が書けるようになりましょう。
- 正しい文で話ができるようになりましょう。

「基本＝言葉を使いこなす力」については、次のように子どもに伝えます。

- 人に向かって話すことができるようになりましょう。そして、上手に聞く力をつけましょう。
- 様々な種類の文章を書く書き方を身に付けましょう。
- 様々な文章を読む力を身に付けましょう。
- 多くの本に親しみ、進んで読書しましょう。

国語科の基礎・基本とは全員が必ず習得しなければならないものであり、他教科の学習を進めるために最低限必要な学習内容です。教科書に出てくる言葉の意味が分からなかったり、小学校で覚えなくてはならない漢字が読めない子どもがいれば、克服させるように工夫するのが教師としての課題です。例えば、毎日、家庭学習として「言葉調べ五語」「漢字ドリル十問」「読書二十分」を、年間を通して指導されている現場の教師は多いことでしょう。語彙や漢字を確実に学習させ、定着させるために、教師がその機会を与え、毎日練習させるのです。このような学習習慣の定着は、小学校の間にやっておかなければ身に付きません。

また、教師や友達の話を聞き、それに反応すること、挙手して指名されたら「はい」と、きちんと返事をし、自分の考えを教室内によく通る声で述べること、といった授業中の話す・聞く態度を身に付けさせることも教科を越えた教師の務めです。このような基礎・基本を確実に習得させることによって、教室での集団としての機能が発揮され、学びのための学級づくりが成立します。

ベテランの教師は、基礎・基本を子どもに定着させるための指導技術をたくさん持っています。強制的な宿題形式や反復練習なのに、そう感じさせない技であったり、子どもの良い点を見つけるとすぐに学級通信で知らせてモチベーションを高める技であったり、「はい」の返事を小気味よく「はいっ」のように言わせる技であったりと、実に様々です。そのような指導技術や工夫の継続によって、子どもたちは知らず知らずのうちに学習する方法を身に付け、学ぶことの楽しさを覚えていくのです。

## 自分の言葉の使い方を自分で振り返ることの大切さ

国語科は他の教科と違い、学習した内容が学力として定着したかどうかを実感しにくい教科でもあります。特に小学生においては、「話すこと・聞くこと」「書くこと」「読むこと」について、「どんなことが、どの程度できるようになったら力がついたと言えるのか」を実感させるためには様々な工夫をしなければなりません。また、国語科で学んだ学力が、日常の言語生活において生きて働く言葉の力となるためには、授業と日常生活とを結びつける場の工夫といった教師の技が必要です。

学校では、他者との関係において自分の意見や考えを振り返り、他者との相違点に気付き、自分の考えを修正したり、他者の考えと調整したりする経験を、何度も繰り返します。やがて、他者がいなくても自分自身の中にもう一人の自分を作り、自らの言葉の使い方をモニターし、修正したり調整したりする力が身に付いてきます。それが、「自分の言葉の使い方を振り返る力を育てる」ということです。学習した内容を振り返らせる場を何度も繰り返しつくることによって、自分が言葉をどのように学び、どのように使っているのか、また、自分に足りない言葉の力は何で、どのようにして身に付けていけばよいのかを子ども自身に自覚させることが、小学校の国語科教育においては重要です。

## 言葉の正しさとふさわしさ

国語科における基礎・基本の一つとして「正しい文章が書ける」とか、「正しい話し方ができる」などの目標を置くことがあります。さて、このときの「正しい」とは何を指しているのでしょうか。

例えば、「先生がいらっしゃった」と「先生が来やがった」という言い方を並べてみると、正しいとされるのは「いらっしゃった」でしょう。では、「来やがった」は正しくなく、絶対に使ってはいけない言葉なのでしょうか。もちろん、そんなことはありません。友達同士の会話で「いらっしゃった」しか使わない小学生はいませんし、いたとしても不自然です。「来やがった」も日本語である以上、「正しくない」と断定し、排除することはできません。その意味では、例えば「来やらっしゃった」のような日本語として明らかに使われない言い方に比べれば、「いらっしゃった」も「来やがった」も日本語として使用されることには変わりなく、「正しい」と言えます。

しかしながら、「じゃあ、どっちを使ってもいいのね」ということにはなりません。言葉は服装のようなものです。家に一人でいるときはどんな格好をしていても構いませんが、学校や職場など公的な場では、それなりの服装をするのが礼儀というものです。ある言い方を不当に排除するのではなく、その場にふさわしい言い方ができるような子どもを育てることが、国語科教育の一つの目的であると言えるでしょう。その意味では、言葉の正しさを教えるというより、言葉のふさわしさを教えると考えた方がしっくりくるかもしれません。日常生活でも言葉は身に付きますが、学校教育では言葉のふさわしさを学ぶのです。

また、このように、言葉の正しさについて考えるとき、どうしても単文レベルで考えてしまいますが、文脈ということを考えることも非常に大切です。「私の娘は男なのよ」という文について、あなたはどう感じるでしょうか。明らかにおかしい、誤った日本語であると感じるかもしれません。しかし、「ねえ、うちの孫ったら女の子ばかりなんだけど、お宅は?」という問いに、「あ、私の長男のところは女の子なんだけど、私の娘は男なのよ」と答えることはあり得るかもしれません。

もう一つ例を考えてみましょう。「フタを開《あ》けません」という言葉を聞くと、「フタが開きません」の間違いではないのかと思うかもしれません。しかし、教室で先生が実験道具の説明をしている状況を思い浮かべてみてください。勝手に道具のフタを開けようとしている子どもに対し、先生が「フタを開けません」と「やってはいけない」という意味で言うのであれば自然ではないでしょうか。

私たちは文脈の中で、かなり柔軟に言葉を使っています。特に話し言葉では、整然としたルールとは及びも付かない複雑なやりとりをしています。こうした現実について考えることも、国語科教育にとっては大切なことでしょう。

2章

# 授業時間の四十五分をどう生かすか

この章のねらい

- 四十五分間の指導計画の立て方を理解する
- 実際に指導案を書いてみる

小学校の授業時間は四十五分しかありません。最初の五分で子どもの興味と関心をつかみ、本番を三十分で展開し、残りの十分でまとめをする、というような時間の使い方が無駄なくできるようになることが大切です。この章では、小学校の授業時間である四十五分間を有効に生かす授業の組み立て方について考えてみましょう。

## 指導書という便利な本があります

教科書会社から、教師向けに「指導書」という本が出ています。学習する教材のねらい（単元の目標）と、学習指導要領との関連、教材の解説、どのように授業すればいいかという具体的な展開例などが書かれている便利な本です。

新しい教材を教える前に一通り指導書に目を通しておくと、指導計画を大まかにつかむことができます。次に一例を示します。

単元の目標＝「言葉から浮かんでくる情景を想像しながら音読しよう。（読・ア）」
指導計画＝第一次「導入（一時間）」、第二次「展開（五時間）」、第三次「まとめと発展（二時間）」、合計八時間扱い。

このように、一つの教材を、どのくらいの時間をかけて教え、何をねらいとすればいいのかということが丁寧に書かれています。

また、書かれている通りに授業すればねらいが達成できるように、展開例も具体的に書かれています。

新規採用の教師は、この指導書の通りに指導計画を組み立て、展開例のように実際の授業が進められるよう、指導教官や先輩教師から指導されることも多いでしょう。まずは、指導書に書いてあるような授業展開ができることが基本です。指導書を参考にすることに抵抗があるかも知れませんが、基本の形に慣れることから始めてみましょう。基本が身に付いてからは、その型を破ってオリジナリティあふれる授業展開ができる教師を目指しましょう。

## 五・三十・十という授業の流れのパターン

まずは、導入五分・展開三十分・まとめ十分という時間の流れを授業の王道パターンとしましょう。難しく考えることはありません。最初の五分で子どもの学習意欲を盛り上げ、教えたいところを三十分かけてしっかりと学ばせる、そして、残り十分となったところで学習のまとめをする、という三部構成です。

・導入五分

授業の始まりですから、子どもたちの気分を楽しく盛り上げることが大切です。単に楽しいだけではなく、「展開」へとつながる導入ができるように工夫しましょう。例えば導入に音読を取り入れたとしましょう。どのような音読の方法があるでしょうか。よく使われる音読のさせ方をいくつか紹介しましょう。

- 席順や出席番号順に一人ずつ読ませる。

- 全員一斉にそろって読ませる。

- 一文、あるいは三文ずつ読ませる。

- ペアで向かい合って交互に読ませる。

- 教師が読んだ後に、続けて読ませる。

- 役割を決めて読ませる。

それぞれの方法にねらいがあり、工夫次第ではさらにバリエーションが広がります。導入における音読は、子どもたちの学習意欲を高めるのに効果的です。例えば、教師が一文ずつ範読するのに続いて全員が一斉に読む場合、皆の息が合っているかどうかで、その日の学習意欲が分かります。また、全員が息を合わせようと集中しますから、ほどよい緊張感と活気も生まれます。

・展開三十分

物語文であれば、場面の様子や主人公の心情の読み取り、説明文であれば、段落分けや要点の整理といったように、それぞれの教材によって学習すべき内容が違います。しかし、どんな教材であれ、国語科の授業ではとにかく、「読んで理解する」ということが大切です。そもそも、教科書の文章は読んで分かるように書かれているのですから、「読んでも分からない」では困るのです。読んでも分からないのは、子どものせいでも教科書のせいでもありません。教師の工夫が足りないせいです。

「漢字の読み方が分からない」「初めて読む言葉なので意味が分からない」ということはあるでしょう。物語文の場合ですと、「登場人物の心の動きが読み取れない。なぜ、登場人物の考えが変わったのかが分からない。どこで変わったのだろう。どうして変わったのだろう」といった疑問も出てきます。説明文だと、「段落の要点のまとめ方が分からない。キーワードの探し方が分からない」という声も多く聞かれます。子どもが分からなくて困っている状況を見抜き、それらを分からせる工夫を行い、分かるようになったと実感させることが、国語科の授業の目的です。

・まとめ十分

授業終盤の十分間を、一時間の授業を振り返る時間としてきちんと確保することが理想ですが、いつもうまくいくとは限りません。展開が順調に進み、時間が余ったときは、新出語句の確認をしたり、漢字の書き取りをさせたり、あるいはもう一度音読をさせたりすることもあります。しかし、時間が足りなくなってしまったときには、最後の十分間で何とか展開を終わらせるということも起こるでしょう。状況に合わせて柔軟に終盤の十分間を使える教師になることが大切です。肝心なことは、四十五分をオーバーしてしまわないことです。チャイムが鳴り終わって、教師が焦って授業し続けても、子どもは全く聞いてくれません。

## 十分間の振り返りタイム

まとめの十分で行いたいことは、一時間の授業を振り返り、学んだことを確認する、「振り返りタイム」を取ることです。

振り返りの観点は次の三つです。

❖今日の授業で分かったことは何か。
❖今日の授業で分かりにくかったことは何か。（新たな疑問は何か）
❖今だったらこうできたのに……、と思うことは何か。（明日はこうしたい）

プリントを使って理解度を確認したり、黒板に書いた重要な事柄をノートに整理したりすることも大切ですが、それだけではなく、振り返りシートなどを作って、学習を振り返る習慣を身に付けさせることが大変重要です。できれば、一人一人が書いた自分の振り返りシートを友達と交換して、お互いのよい点や頑張っていたことなどを記入し合える時間が取れればベストです。

自分の学びの足跡を自分で振り返り、そして友達とも分かち合うことが、徐々に自立し

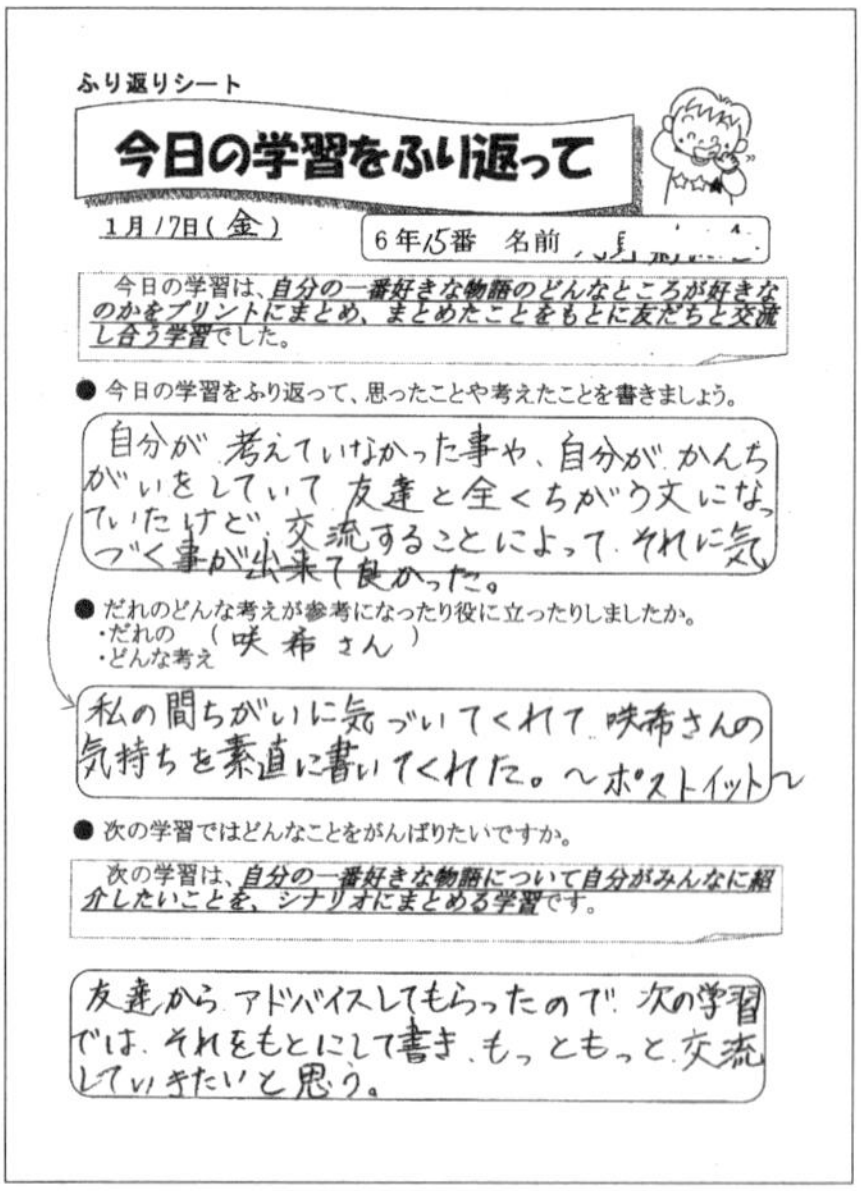
ふり返りシート
今日の学習をふり返って
1月17日（金）　6年15番　名前
今日の学習は、自分の一番好きな物語のどんなところが好きなのかをプリントにまとめ、まとめたことをもとに友だちと交流し合う学習でした。
● 今日の学習をふり返って、思ったことや考えたことを書きましょう。
自分が考えていなかった事や、自分がかんちがいをしていて友達と全くちがう文になっていたけど、交流することによってそれに気づく事が出来て良かった。
● だれのどんな考えが参考になったり役に立ったりしましたか。
・だれの（咲希さん）
・どんな考え
私の間ちがいに気づいてくれて咲希さんの気持ちを素直に書いてくれた。〜ポストイット〜
● 次の学習ではどんなことをがんばりたいですか。
次の学習は、自分の一番好きな物語について自分がみんなに紹介したいことを、シナリオにまとめる学習です。
友達からアドバイスしてもらったので次の学習では、それをもとにして書き、もっともっと交流していきたい思う。

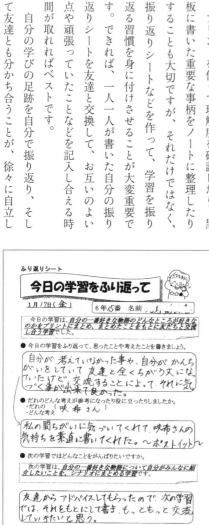

た学習者へと成長する手だてになりますし、そうしたことの積み重ねが、互いを尊重し合えるクラス作りにもつながります。

## 「しつけ」と「おしつけ」

ところで、教師にとって最も簡単な授業とはどのような授業でしょう。それは、「今から漢字を五文字覚えなさい。それが済んだら意味調べをしなさい。できたらノートを持ってくること」のように指示だけをする授業です。「おしつけ型授業」と言ってもいいでしょう。物語文だと「登場人物の心情は○○から○○に変わるのです。どこに書いてあるのか探しなさい」、説明文だと「段落の要点は○○です。ノートに写しなさい」のように、どんどん教師が教え込んでいきます。子どもが自分で考える暇はありません。とにかく、やり方や答えを教え込んでいきます。順調に授業は進みますし、きっとテストの成績もいいでしょう。

しかし、このようなおしつけ型の授業を行っている教師はほとんどいないはずです。なぜなら、この方法では、子どもが自分で考える力を鍛えられないからです。子どもを学習者として独り立ちさせるのが学校教育の目的です。言い換えると、毎日の授業を通して、自分で考え、判断し、表現できる子どもに「しつけ」るのが教師の役目と言っていいでしょう。ですから、「あれしなさい、これしなさい」式のおしつけ型授業では、いつまで経っても子どもは育ちません。そこで大切なことは、子どもが自分で物事を考えるための仕掛けです。

その仕掛けとは、ワクワクするような楽しい活動であったり、考えるきっかけとなる教師の発問であったり、友達との伝え合いであったりします。それらの指導技術を身に付けていくのはまだまだ先のことになるでしょうが、まずは教師自身が楽しいと感じる授業をイメージし、指導案という形式で書いてみることです。

## 指導案を書いてみよう

指導案は、学校毎に形式が多少違いますから、教育実習などで教わる指導教官や担当教師の指導の通りに作成します。指導案の形式は、その学校が長年培ってきた文化のようなものですから、その学校の書式に沿って忠実に作成しましょう。単元の目標については指導書（教科書会社）を、評価規準は学習指導要領（文部科学省）を引用するだけで十分ですが、子どもの実態を踏まえてアレンジするのは自由です。

## 指導案はあくまでも「案」

指導案は、実際に授業するために、どのような発問や学習活動を行えば、子どもがどのように反応するだろう、そのための時間は何分くらいかかるだろう、この授業で行う学習活動はねらいを達成するために効果的だろうか、など、四十五分間の授業をシミュレーションするためのプランです。入念に準備することは大切ですが、あくまでも指導の「案」ですから、プラン通りに授業が進む場合もあり、全く使い物にならない場合だってあります。実際の授業が始まってしまえば、どちらかというと、指導案通りにならない場合の方が多いのです。

指導案通りに流れる授業は、事前の実態把握やプランニングが優れている授業ととらえることができます。指導案通りに流れない場合は、どこに課題があるのか、問題点や今後の課題を検証するための資料として指導案が参考になります。いずれにせよ、事前の教材研究をしっかりと行った上で指導案を書き、子どもの顔を思い浮かべ、あれこれと学習活動のプランを練り、予想される反応をシミュレーションしましょう。授業をイメージすることができるようになるためのトレーニングだと思ってください。

最後に、指導案を書く前に教材研究を行うことは授業計画の鉄則です。その上であれこれとプランを練って指導案を書き、授業を行うのです。成功する場合もあれば、失敗する場合も多いでしょう。そういったことを何度も繰り返すうちに、例えプラン通りにいかない場合でも、アドリブで対応できる経験値と柔軟な指導技術が身に付いていきます。現場の教師はそうやって、日々職人のように授業の技を磨いているのです。

・本時の指導
本時に指導するめあてを書きます。書く順番は学校によっても違いますが、このような三つの項目について書くのが一般的です。

6　本時の指導

(1) 目標

・叙述を読み取り、自分の読みを他者と分かち合い、広げ深めていくことができる。

(2) 準備物　ワークシート・掛け図・馬頭琴の実物

(3) 展開

| 時間 | 学習活動 | 指導上の留意点 |
|---|---|---|
| 10分 | 全文を音読する。 | ・音読指導を大切にしたい。場面毎に読み手が交代する読み方にて音読する。<br>・音読のめあては「正確に読む」「通る声で読む」「会話文を工夫する」の三つである。 |
| 25分 | 本時のテーマを知る。 | |
| | スーホは何のために馬頭琴を作ったのか？ | |
| | 馬頭琴が誕生したストーリーを、スーホと白馬の人間関係を中心に読み取っていく。<br>約束の言葉を通して、二人が同じ考え（キーワード「ずっといっしょ」）を持っていることに気付かせる。<br>スーホと白馬は、兄弟がいない者同士であるという境遇に気付かせ、だからこそ、ずっと一緒にいたい気持ちが強いことに注目させる。 | 「馬頭琴」に込められたスーホの思いを読み解くために、次の観点に注目させる。<br>1　約束の言葉<br>スーホが見た夢の中で白馬が言った言葉「いつまでもあなたのそばにいられますから」<br>白馬が羊を守った時にスーホが白馬に言った言葉「これから先、どんなときでも、ぼくはおまえといっしょだよ。」<br>2　境遇<br>スーホは年とったおばあさんと二人きりでくらしていました。<br>あたりを見てもちぬしらしい人もいないし、おかあさん馬も見えない。 |
| 10分 | 重要な読み・語句などをノートに整理する。 | ・ノートの整理を行う。 |

左から時間・学習活動・指導上の留意点の三つについて書くのが一般的ですが、右側に評価の方法や「評価規準」を加える場合もあります。

指導案の形式については、地域や学校によって違います。指導していただく先生の指示に従って書きましょう。

## 第２学年　国語科学習指導案

指導者〇〇〇〇

1　日　時　　令和〇年〇月〇日（〇）第〇校時

2　単元名　　本は友だち「スーホの白い馬」

3　単元目標

●出来事の順序に気を付けたり場面の様子や登場人物の気持ちを想像したりしながら読む

・読んで思ったことや分かったことを、理由を付けて分かりやすく話すことができる。
（話すこと・聞くこと）

・場面の様子を想像し、登場人物の気持ちを考えながら読むことができる。（読むこと）

> 単元名は使用している教科書の通りに書くのが一般的です。
> 単元目標は使用している教科書会社の指導書に書いてある通りに書きます。

4　単元の評価規準

| 国語への関心・意欲・態度 | 読むこと | 国語の特質についての事項 |
|---|---|---|
| 本や文章を読んだり、想像を広げたりしながら読もうとしている。 | 場面の様子について登場人物の行動を中心に想像を広げながら読んでいる。 | 文の中における主語と述語との関係に注意している。 |

> 評価規準は評価の内容について書き、ABC の B 評定の到達基準になります。
> 関心・意欲・態度と国語の特質については必須項目です。それに加えて、「話すこと・聞くこと」「書くこと」「読むこと」などの項目が一つ入ります。
> 内容は学習指導要領の解説編にある通りに書きます。

5　指導観

・「スーホの白い馬」は２年生の最後の物語文である。物語文の基本である場面の読み取りや叙述を味わいながら登場人物同士の心の通い合いを読み取ることを通して、読みの力を身に付けさせることが目的である。基礎的な読み取り方を学習させ、それを応用し定着を図る場、さらに発展させる場を設定し、読む力を伸ばしていきたい。

・本学級の児童は、読書量が多く、この１年間で 10000 ページ以上を全ての児童が突破している。物語文の読みについての事前調査では、全員の児童が音読が大好きと答えており、読解については、時間の移り変わりによって場面が変わることを把握している児童が７割、人物の言葉や行動から心の動きを読み取ることができる児童が４割、人物同士の関係を把握しながら読むことのできる児童が６割いる。伝え合いについては、自分の考えを発言できる児童が多く活発な意見交換ができることが多い。

・本時は、「スーホと白い馬」のメインテーマである馬頭琴が誕生したわけについて、物語の結末から冒頭へと逆にたどっていく。その際、「読みの根拠を示し自分の意見として表現する」ために、言葉一つ一つの意味をしっかりと捉えさせる発問を心がけたい。さらに、学習者同士が自らの読みを伝え合い、生かし、分かち合っていけるよう、場のコーディネートもつとめたい。教師を交えた伝え合いの場において、それぞれの読みを位置付け、高めていくことができるように授業を構築していきたい。

> 指導観は
> ・教材観
> 単元の特徴や、この単元において身に付けさせたいことなどを書きます。
> ・児童観
> クラスの子どもの実態や特徴について書きます。

# 四十五分という時間感覚

みなさんは小学校から大学まで、十六年にも渡って授業を受け続けてきました。その経験の中で、「今日の授業は短かった」と感じたことはあるでしょうか。ほとんどの場合は「長い」とか「眠い」と感じていると思いますが、そんな中で少ないながらも「短い」と感じた経験もあるはずです。今までは授業を受ける側だったみなさんが、今度は授業をする側に回るとき、こうした経験を振り返ることは「いい授業とは何か」を考えるヒントになるはずです。

さて、「今日の授業は短かった」と感じる理由の一つ目は、「おお！　これは面白い！」という感動がある場合でしょう。「楽しい時間はあっという間に過ぎる」とはよく言ったもので、人間は面白いと思ったことについては時間が短く感じるものです。授業をする側としては、いつも面白い授業をするように心がけていると思いますが、初心を忘れないようにしたいものですね。

「今日の授業は短かった」と感じる理由の二つ目は、必死で作業をする場合でしょう。国語だと調べ学習や作文などが当てはまるでしょうか。細かい作業や難しいテストに必死に取り組んでいると時間が短く感じるのと同じ理屈です。子どもたちが必死に取り組みたくなるような動機付けのある作業を授業に組み込むといいですね。

「今日の授業は短かった」と感じる理由の三つ目は、「物理的に時間が短い」という場合です。ほら、短縮授業とか……。いや、冗談を言っているわけではなく、小学校では四十五分だった授業が、中高では五十分に、大学では九十分になります。大学生になった当初、九十分授業は長く感じたと思いますが、人間何でも慣れるもので、長いとは感じつつも、いまは入学時ほど長いと思わなくなっているのではないでしょうか。しかし、小学校では半分の四十五分間です。大学の九十分間の感覚で小学校に教育実習に行くと、非常に短く感じます。

以上のように、授業を受ける側の立場から「今日の授業は短かった」と感じる要因を挙げました。一方で、授業は受ける側だと長く感じがちですが、実は授業をする側になってみるとこれまた時間の感じ方が変わってきます。それこそあっという間です。特に教育実習では慣れていないうえに緊張して、それこそ必死にバタバタしているうちに四十五分が終わってしまいます。学習指導案に合わせて、模擬授業をしてみるなど、四十五分の時間感覚をしっかりと身に付けてから教育実習に臨みたいところです。特に、子どもたちに何かを書かせたり、調べ物をさせたりする作業を組み込む場合は、しっかりと多めに時間を見積もっておく必要があります。もちろん、途中で切り上げることも必要ですが、中途半端に終わってばかりだとモチベーションが下がります。じっくりと取り組む子どものために、しっかり時間を確保し、早く終わる子どものために追加課題を考えておきましょう。

3 章

# 子どもが食いつく発問のテクニックとトレーニング

この章のねらい

- たしかめ発問のテクニックを学び、トレーニングする
- つっこみ発問のテクニックを学び、トレーニングする

授業中に教師が、児童の思考をゆさぶるために問いかけることを「発問《はつもん》」と言います。発問の技術に長けた教師は、子どもの考えを巧みに引き出します。多くの子どもから多様な答えを引き出し、それらの考えをつなげたり、討論させたり、新たな考えに導いたりします。発問が面白ければ、子どもの意欲も向上し、授業も盛り上がります。

この章では、授業の基本技である「発問」について考えてみましょう。

## たしかめ発問のテクニック

授業の最初には、今から学習をする場面（ページ）や学習のめあてを確認するのが普通です。例えば、「昨日は○ページの○行目からの場面を勉強しましたね」とか、「前の時間は主人公の考えを知るために会話文に注目して読みましたね」のように教師が確認する場合もあるでしょう。児童はウンウンと頷き静かに授業が始まります。そのような授業でも悪くはありませ

ん。では、「前の時間に学習したのはどの場面でしたか？」と問いかけてみるのはどうでしょう。「えーっと、この場面だったと思うなぁ」とか「確か、主人公が○○する場面でした」のように子どもの思考が刺激され、必然的に会話が生まれます。また、「前の時間に主人公の会話文に注目したのは、何のためかな」と問うことによって、「主人公の心情の変化を読み取るためです」のような答えを引き出し、学習のめあてを確認することもできます。

子どもが自分で考えるように刺激し、授業が展開するように仕向けていく発問を「たしかめ発問」と呼びます。「たしかめ発問」は、クイズ形式で問うことができますから、発問をつなげるだけでもどんどん授業を展開することができます。ただし、たしかめ発問だけでは授業に深まりは生まれません。

## つっこみ発問のテクニック

授業中の山場や、ここぞという場面で子どもたちにじっくりと考えさせたいとき、つまり授業に深まりを持たせたいときに使う発問を「つっこみ発問」と呼ぶことにします。例えば、五年生の物語文教材「大造じいさんとガン」（光村図書）に、大造が残雪と対峙するシーンがあります。

「大造じいさんは、強く心を打たれて、ただの鳥に対しているような気がしませんでした。」

（「大造じいさんとガン」椋鳩十）

この文章を読み解くことによって、大造の人間性と心情の変化が分かる重要な一文です。ここでどのように問えば、子どもたちはこの一文を読み解くことができるでしょう。

問い1

「大造は、どんな気持ちで残雪と向き合っているでしょう」

このように抽象的な「気持ち」を問う発問でも子どもは反応してくれますが、もう少し具体的に問いましょう。

問い2

「大造と残雪との距離はこのシーンに至るまでにどのように変わっていきましたか」

問い1は、大造が残雪に対峙したときの「気持ちを想像する」という問いですから、本文中にある「強く心を打たれました」とか「ただの鳥に対しているような気がしません」と答えるのが精一杯でしょう。それでも、「残雪は頭領らしいガンだと思った」「もう戦うことはやめよう」などという答えが返ってくるかも知れません。問い1に対しては精一杯の答えでしょう。

問い2では、本文を遡り大造と残雪の戦いのシーンを振り返る活動へ誘う発問です。「弾の届く距離の三倍もあるえさ場にいるガンを小屋の中から狙う大造」、「襲いかかるハヤブサから仲間を救う空中戦を小屋から這い出て見ている大造」、そして、「地上での戦いにおいて、大造が手を伸ばせる距離まで近づいてもじたばた騒がない残雪」が大造の目を通して描かれています。大造と残雪の距離が徐々に近づいていることは容易に読み取ることができます。

大造と残雪との距離が近づいていることを読み取ることができたら、すかさず「その時々の大造の心情は?」とつっこみ発問をします。「小屋の中で残雪を仕留めたいと執念を燃やす大造」、「残雪とハヤブサとの戦いに見とれ銃を下ろしてしまう大造」、「ぐったりしている残雪に「強く心を打たれて」敬意を払い手を伸ばす大造」。このように大造と残雪の距離が短くなるにしたがって大造の心情が闘争心から敬意へと変化している様子を読み取ることができます。

つっこみ発問によって大造の心情が一八〇度転換するクライマックスの読み取りに成功したら、次の段階では考えをまとめさせるための発問をします。

「大造の心情はどのように変化したでしょう。一文にまとめなさい」

この発問によって、子どもの思考はさらに活性化し一生懸命考え、書く活動に入ります。例えば「大造は、残雪の頭領としての姿に心を打たれ、仕留めたいという気持ちが変わり敬意を抱くようになった」という答えが出されます。大造の目を通して描かれる残雪の行動に、読者も心も動かされるのです。物語文の読みの醍醐味ではないでしょうか。

## 発問のトレーニング　その1

例えば、「この本は好きですか?」のような場合だと、好きか嫌いかを答えるだけですから、思考をゆさぶることはありません。答えは「はい」か「いいえ」で終わってしまいます。

では次の例はどうでしょう。

「この本のどんなところが好きですか？」

この場合は、好きな場面の説明が必要ですから、物語を思い出さなければなりません。

さらに、次の例ではどうでしょう。

「この本が好きな理由を説明してください。」

この場合、場面の説明に加えて自分の意見や感想を述べなければなりません。好きな場面を思い出し、その説明をするとともに、自分の意見や感想を述べるには様々な思考を要します。

このように、「好きか、嫌いか」形式の問いかけの場合は答えやすいのですが、それだけでは答えがすぐに終わってしまいます。だからといって、いきなり「この本が好きな理由を説明してください」と聞いても、なかなかすぐには答えられません。子どもとのコミュニケーションを取りながら授業を展開していくためには、簡単な質問から始めて徐々に難しい質問へ段階を追うことが必要です。では、実際に、段階を追って質問するトレーニングをしてみましょう。

### やってみよう

二人一組になってインタビューゲームをしてみましょう。

インタビューをする人は、次の四つの項目から、質問しやすい順に全て質問してみましょう。インタビューをされる人は聞かれたことに誠実に答えてください。

インタビューする人が質問する四つの項目

1　家族について聞く

2　趣味について聞く

3　お勧めのお店について説明してもらう

4　節電についての意見を聞く

## インタビューゲームを終えて

質問の順序はどのようにしましたか？　ほとんどの人が「1234」か「2134」の順に質問したのではないでしょうか。1から4の順番に書いてあるから、その順に質問したという人も多いと思います。でも、ひょっとして、質問をするときに「家族や趣味のように身近な質問は答えやすいのだが、節電についての意見は答えにくい」という意識が働いたとは考えられないでしょうか。また、友達のように普段から接している人であれば、いきなり「4　節電についても質問できるかも知れませんが、初対面の人には、いきなり「あなたは節電についてどのようにお考えですか？」という質問はなかなかできないものです。まずは、家族や趣味の話を聞いて人間関係を作ってから、徐々に難しい話を聞くというのが自然な流れでしょう。このように、質問をしながら自然な流れの中でコミュニケーションを取り、人間関係を作るということが大切なのです。

また、質問した人は相手の答えに相づちを打ったはずです。例えば、「何人家族ですか？」と聞いた後、「四人家族です」との答えを受けて、「ああ、私の家族も四人です」とか、「うちは三人家族なのです」などのように、本来、質問者になった人は言う必要がないことでも何気なく相づちを打ちながら会話したのではないでしょうか。知らず知らずの間に「人間関係を作ろう」という意識が働いたのです。

「3　お勧めの店」の場合には、さらに相づちや自然発生的な質問がどんどん出てきたことでしょう。「ああ、その店知ってる」とか、「何がお勧めなの？」など、様々な質問をして、もっと情報を得たいと思ったはずです。

ここまで楽しくインタビューゲームができたグループでは、「4　節電」の場合も、インタビューゲームということを忘れて、二人討論会になったかもしれませんね。

実は、小学生相手の授業の場合も同じなのです。まずは、教師と子どもとの人間関係がうまく築けていることが大切であり、その信頼関係の上に授業が成り立っているのです。ですから、例えば教育実習の授業において、いくら綿密に発問を考えていても、人間関係が十分できていない、鋼のような緊張感の漂う教室では、何をやっても失敗に終わります。相手の気持ちをほぐしながら、徐々に自分の緊張も解き、その上で授業を展開するための指示や発問を上手に使って展開していくことが求められます。

## 発問のトレーニング　その2

では、肝心の「たしかめ発問」や「つっこみ発問」のトレーニングをしましょう。

二年生が書いた観察文の単元を使って、分かりやすい文章の書き方を考える授業場面です。

六月十五日（金）晴れ

「トマトの赤ちゃんができたよ」　　なるおか　てるみ

今日、わたしがそだてているミニトマトのなえにミニトマトの赤ちゃんができているのを見つけました。前まで花がさいていたところが、ビー玉くらいにふくれて、ミニトマトがならんでできていました。ミニトマトはぜんぶで八コもありました。色はまだきみどり色だけど形はトマトそっくりです。はやく赤くておいしいミニトマトになってほしいです。

この例文から、分かりやすい文章を書くコツを見つけ出す学習の発問を考えましょう。相手は小学校二年生です。

※たしかめ発問のトレーニング
「分かりやすい（分かりにくい）文章かどうか聞く」

※つっこみ発問のトレーニング
「分かりやすく書くために必要なことは何か聞く」

## ※たしかめ発問のトレーニングのヒント

次の五つの発問の例から「分かりやすい（分かりにくい）文章かどうか聞く」ための発問を選ぶとしたら、どれを選びますか。またその理由は何ですか。

◎「分かりやすいですか」

◎「この観察日記のいいところはどこでしょう」

◎「この観察日記のいいところを二つ見つけてください」

◎「この観察日記をもっと工夫できるよという人はいませんか」

◎「ミニトマトという言葉を三回しか使わないことにします。どのミニトマトを残しますか」

大人であれば、一読すれば分かりやすい文章か、そうでないかはすぐに分かります。けれども、小学生にとっては何が分かりやすくて、何が分かりにくい文章なのかということが十分に理解できません。何となく分かりやすい部分と分かりにくい部分があることや、表現を変えた方がいいことに気付いている子はいるでしょう。この場面では、そういった子どもの気付きを、なるべく多く表現させることをねらいます。単に「分かりやすいですか？」と聞くだけでは、「はい・いいえ」で答えが終わってしまいます。

例えば「この観察日記のいいところはどこでしょう」と具体的に聞くことによって、子どもは文章を読んで、「上手だな」とか「いいな」と感じた事柄を発表することができます。また、「二つ見つけてください」と限定すると難易度が上がります。同じ観点で二つ探す子もいれば、別の観点に目をつける子も現れるでしょう。

「この観察日記をもっと工夫できるよという人はいませんか」と聞けば、自分が普段から文章を書くときに気を付けていることを「工夫」という形で発表する子が現れます。

「ミニトマトという言葉を三回しか使わないことにします。どのミニトマトを残しますか」という問いでは、ミニトマトを別の言葉で表現したり、二文を一文に組み立て直したりする高度な学習活動へと展開することも可能です。

## ※つっこみ発問のトレーニングのヒント

次の五つの発問の例から「分かりやすく書くために必要なことは何か聞く」ための発問を選ぶとしたらどれを選びますか。また、その理由は何ですか。

◈「分かりやすく書くにはどうしたらいいですか」
◈「どこを直せばもっとよくなりますか」
◈「一番目に何が書いてありますか」
◈「題名と同じ言葉が観察日記のどこに使われていますか」
◈「一年生にミニトマトの観察日記の書き方を教えてあげましょう」

だんだんと高度な思考が必要な場面になってきました。しかし、相手は小学校二年生です。あまり難しいことを聞いても答えは返ってきません。

この学習場面で子どもに考えさせたいのは、「どのように書けば、読み手が分かりやすい観察文になるのか」ということです。そこで、観察文の具体例から分かりやすく書くための観点を探させる発問が必要です。そのためには、ここで問いたいことは何かということを教師があらかじめはっきりさせておく必要があります。このことを「発問の精選」と言います。ここでの発問の精選とは、二年生が観察日記を書くことによって身に付けなければならない書く力は何かを整理しておくということです。

二年生の観察文では次のような力を身に付けさせる必要があります。

基礎的な事柄

◈日付・天気・題名・氏名が書いてあること。

構成

◈見たこと（大きさ・色・形や様子）・手ざわり・匂いなどが、順序よく書いてあること。

◈自分が思ったこと（おもしろい・不思議）を書くこと。

◈五文程度で書くこと。

記述

◈語と語や文と文との続き方に注意してつながりのある文を書くこと。

推敲

◈文章を読み返す習慣を付けるとともに、間違いなどに気付き正すこと。

授業では、これらの項目に子どもが気付くように発問によって導いてやることが大切です。例えば、「一番目に何が書いてありますか」と問うことによって、ほとんどの子どもが「日付・天気・題名・氏名」に気付くことができます。「題名と同じ言葉がどこに使われてますか」と問うことによって、「今日、わたしがそだてているミニトマトのなえにミニトマトの赤ちゃんができているのを見つけました」の文章から題名と同じ「ミニトマトの赤ちゃん」というキーワードが使われている工夫が見つかります。このように、一つ一つ丁寧に聞いて整理することも必要でしょう。

教師が一つずつ問いかけ、子どもが一つずつ答える、という授業スタイルも悪くはないのですが、もっと子どもが主体的に活動する授業を心がけたいものです。そのためには、問いかけにも工夫が必要です。例えば「一年生に教えてあげてね」と付け加えることによって、次々と手を挙げて様々な書き方のコツを見つけてくれることでしょう。そうなってくるとしめたものです。教師はあらかじめ整理しておいた項目に対する意見が出るたびに「おお、いいことに気が付いたね」などとほめながら、どんどん黒板に整理していくのです。

子どもが自分たちで考えたように仕向けながら、実は教師がきちんと押さえておかなければならないポイントを整理しておき、それを学びとらせることが授業なのです。

## 番外編（指示のトレーニング）

最後に発問と同様に、授業を展開する際に大切な「指示」について考えてみましょう。指示は「何を・どのように・どれくらいの時間をかけて行うか」ということを簡潔に伝えます。その際、命令口調にならないように気を付けたいものです。

先ほどの観察日記を「音読させる」にはどのような指示がいいでしょう。

※「読みなさい」

※「読んでください」

※「音読の上手な○○さん、なるおかてるみさんの書いたミニトマト観察日記を読んでくれますか」

子どもに音読させる場面の言葉ですから、発問ではなく「指示」です。自分が指示されるときに「読みなさい」と命令されるよりも「読んでください」と言われた方が何だか気持ちよく読むことができますね。さらに、「音読の上手な○○さん、なるおかてるみさんの書いたミニトマト観察日記を読んでくれますか」と具体的に言われると、読もうという気持ちになります。授業の最初に余計な緊張感は不要です。最初の指示で気持ちよく読むことができる雰囲気を作ることが大切です。

memo

# 発問はヒントの出し方が大切

学校教育関係者にとって、「発問」は非常によく耳にする言葉ですが、一般の人々にとってはあまり馴染みがない言葉だと思います。「発問」よりも「質問」の方がよく耳にするでしょう。では、発問と質問は同じものなのでしょうか。それとも、違うものなのでしょうか。違うとしたら、どこがどう違うのでしょうか。

質問は基本的に、話し手が知らないことについて、たぶんそのことを知っているだろうな、と思われる人に対して行われます。話し手が知っていることを質問したり、全く知っている見込みがなさそうな人に質問したりするということはあまりありません。そういうことをする人がいるとすれば、それは単に意地悪な人ということになりかねません。

では、発問はどうでしょうか。発問では、基本的に話し手は教師であることが多いので、例外はありますが話し手が知らないということはあまりありません。逆に聞き手は子どもであるため、普通はそのことを知らない可能性が高いでしょう。したがって、発問は、話し手が知っていることについて、たぶんそのことを知らないだろうと思われる子どもに対して行われるのです。質問と似ているようで、ずいぶん違う、むしろ知識のありかという観点では正反対であることが分かります。

私たちの日常生活の中で、発問に近い言語行動を探してみると、クイズがあることに気付きます。クイズは、話し手が知っていることについて、たぶんそのことを知らないだろうと思われる人に対して行われます。そして、クイズは、相手が「分からない」という状態に陥ったときに、ヒントを出します。あまり役に立たないヒントから、もうほとんどそれを言ったら正解だろうというヒントまで、様々なパターンがあります。

発問でも、実はヒントの出し方が非常に大切です。発問にすんなりと答えられる子どもばかりであればいいのですが、いつもそういうわけにはいかないでしょう。そこで、教師はヒントを出すわけですが、このヒントに段階があります。最初は遠回しなヒント、次はもう少し核心に近いヒント、さらには決定的なヒント、それでも分からなければ三択だ！　といったように、遠回しなヒントから正解に近いヒントへと迫っていくように順を追って出していきます。子どもに対するヒントの出し方も全く同じ要領で、子どもにスモール・ステップを着実に踏ませるヒントを心がける必要があります。そして、発問の最後のコツは、意地でも教師が正解を言わないことです。三択でもいいですし、正解が「くまさんの耳」だったとすると、教師が「くまさんのみ…」まで言っても、最後の「み」まで言わないことが大切です。もう99％正解と同じことだというヒントであっても、正解のフレーズを子どもに言わせることが大切なのです。子どもにとって、「正解を言えた！」という印象は強い達成感と満足感を与え、モチベーションを向上させるのに効果的です。

4 章

# 子どもの発言を目に見える形にする板書メモのテクニックとトレーニング

**この章のねらい**

- 黒板とチョークの使い方のポイントを知る
- 板書メモのとり方を学ぶ

パソコン、プレゼンテーションソフト、プロジェクター、電子黒板など、新しいメディアが教室にどんどん入っている時代に「黒板とチョーク一本で授業する」と聞くと、何だか職人的で古くさい感じがすると思う人もいることでしょう。けれども、物理的にも、情報を伝達するという意味においても、あるいは、様々な考えを共有し、新たな考えを創り出す場という意味においても、黒板とチョークは教室における最大のメディアです。それを生かすのは、教師の板書《ばんしょ》のテクニックです。

この章では、どのような工夫をすれば、黒板を教室最大のメディアとして活用できるかについて考えてみましょう。

## 黒板に書く文字は子どものお手本

### やってみよう

いきなりですが、「やってみよう」のコーナーです。赴任した学校で学級担任をする初日の場面を想定してみましょう。子どもたちに板書を使って自己紹介します。「わたしの名前は〇〇〇〇です」と話し言葉で言い、黒板に自分の氏名を書いてみましょう。イラストが得意な人は、氏名とともにアニメキャラクターのイラストを描いてもいいですよ。もちろんチョークを使って、縦書きと横書きの両方に挑戦です。

書き終わったら、板書の基本的な項目をチェックしてみましょう。

・全員に見える文字のサイズであること
・文字の大きさがそろっていること
・ゆっくり丁寧にまっすぐ書くこと
・正しい筆順で書くこと
・話をするときは顔を教室に向けること

右に示した板書の基本的な注意事項はクリアできたでしょうか。また、どのタイミングで顔を教室側に向けましたか。もしかして、黒板に向かって寂しく語りかけてはいなかったでしょうね。

## 太い線と細い線を使い分ける

鉛筆や毛筆と違ってチョークは、必ずしも書きやすい筆記用具ではないことに気付いたことと思います。チョークには、石膏系の柔らかくて軽いチョークと炭酸カルシウム系の硬くて重いチョークがあり、線の太さや書くスピードによって使い分けをします。

チョークの特徴は鉛筆と同様に、書けば書くほど先が太くなりますので、チョークを回転させて、太くなった部分と細くとがった部分とを上手に使い分け、「はらい」「はね」「とめ」などに気を配りながら文字を書いていきます。慣れてくれば、毛筆のように太い線や細い線を使い分けることができるようにもなります。黒板に、チョークを使って美しく整った文字を書く技術は教師としての大きな財産になります。同様に、まっすぐ文字を書く技術や、速く書く技術も重要です。

## 話をするとき、板書をするとき

話をしながら板書する技術も欠かせません。特別支援学校のように耳の不自由な子どものいる学校の教師は、決して黒板を向いて話をしません。必ず子どもの方を向いて話をし、その後に板書し、板書が終わると再び子どもの方を向いて話をします。黒板の方に顔が向いているときには話をしないのです。なぜなら耳の不自由な子どもは、教師の口元を見て話を聞くからです。特別支援学校の教師にとっては当たり前の技術ですが、小学校でも、書くときと、話をするときとをきちんと区別して、聞く態度を育てることは大切なことです。

## 授業で使う文字は筆順チェック

正しい筆順（教科書に示してある筆順）で文字を書くことをおろそかにしてはいけません。教育実習や、新しい学校へ赴任した際に、指導教官の教師や保護者が一番注目するのがあなたの板書です。そこで、筆順が正しく書けない先生であることが発覚してしまうと、それだけで「あらら、この先生は駄目だわ」ということになってしまいます。美しく整った字形とともに筆順にも気を配り、子どものお手本となる字が書けるよう練習しておきましょう。特に、授業で用いる文字の筆順を調べ、間違わずに書くための板書計画は、現役の教師も行っている重要な技です。

## 窮屈な姿勢でも整った字が書けるように

黒板の位置は自分の身長と比べてどうでしたか？　上下可動式の黒板なら問題はないのですが、固定式の場合は、少し書きにくい感じがしたかもしれません。小学校の場合、低学年用の教室と高学年用の教室では黒板の高さが違う場合があります。高い位置に書く場合はさほど苦労しませんが、低い位置に書くときには膝を折ってかがんだ姿勢で書かなければならず、大人にとっては窮屈です。どの高さでも整った文字が書けるように練習しましょう。それから、かがんだ姿勢の後ろ姿にも気を配りたいものです。クラス全員が注目している姿勢ですから。

## 行き当たりばったりの板書を防ぐ板書計画

黒板に美しい文字を書くことだけが重要ではありません。字がさほど美しくなく、書くのが遅い先生は、前もって模造紙などに重要な事柄を書いて用意したり、パソコンとプロジェクターを併用したりするなどして、効果的な黒板の活用方法を工夫すればよいのです。

大切なことは、一時間の授業が終わった時に、黒板を見れば、四十五分間の学習の過程が目で追える形になっていることです。また、子どもが十分程度でノートに写すことのできる分量を考えながら板書します。そのためには、行き当たりばったりの板書とか、子どもの発言をただ聴写するだけの板書ではなく、四十五分間の授業計画を立て、発問とセットにした板書計画を立てておく必要があります。

## 日々の授業における発問と板書の計画

授業の計画を立てる際には、四十五分間に行う学習活動をおおよそ三つの段階に分けます。

①導入　本時の学習のめあての確認と中心課題を考えるための場面の設定
②展開　中心課題を考えるための場面の読み取り等と伝え合い
③まとめ　学習のまとめと振り返り

それぞれの段階において、発問や板書計画を組み合わせてプランを練っておきます。とはいえ、この段階で綿密な計画を立てることは不可能ですから、あくまでも「教師がこう問えば、こんな答えが返ってくるかな」「教師の発問と子どもの答えは黒板のどのあたりに書こうかな」程度の計画で十分です。これだけを考えてプランとして持っておくだけでも、発問と答えの関係や、子どもの発言の関連性などを意識しながら板書することができます。

## 板書メモの実際

五年生の物語教材「大造じいさんとガン」（光村図書）の板書を例に取ってみましょう。この物語の位置関係を視覚的に捉える場面の授業です。

右端に教材名と本時のめあてを書きます。次にこの場面の読み取りには欠かせない、「沼地」と「方角」を黒板の中央に大きく書き込みます。

つまりこの授業の板書の特徴は、読み取ったことを絵地図に書き込むこと、そして、中央から外側へと書いていったことです。

「板書は右側から左側へ順序よく書くものだ」という基本形がありますが、それにこだわることはありません。この授業の板書のように、中央から外側（左右）へと書いたり、基本とは全く逆の左側から右側へと書いていったりする板書もあります。結果として四十五分の授業の流れや要点が構成図のように整理されればいいのです。

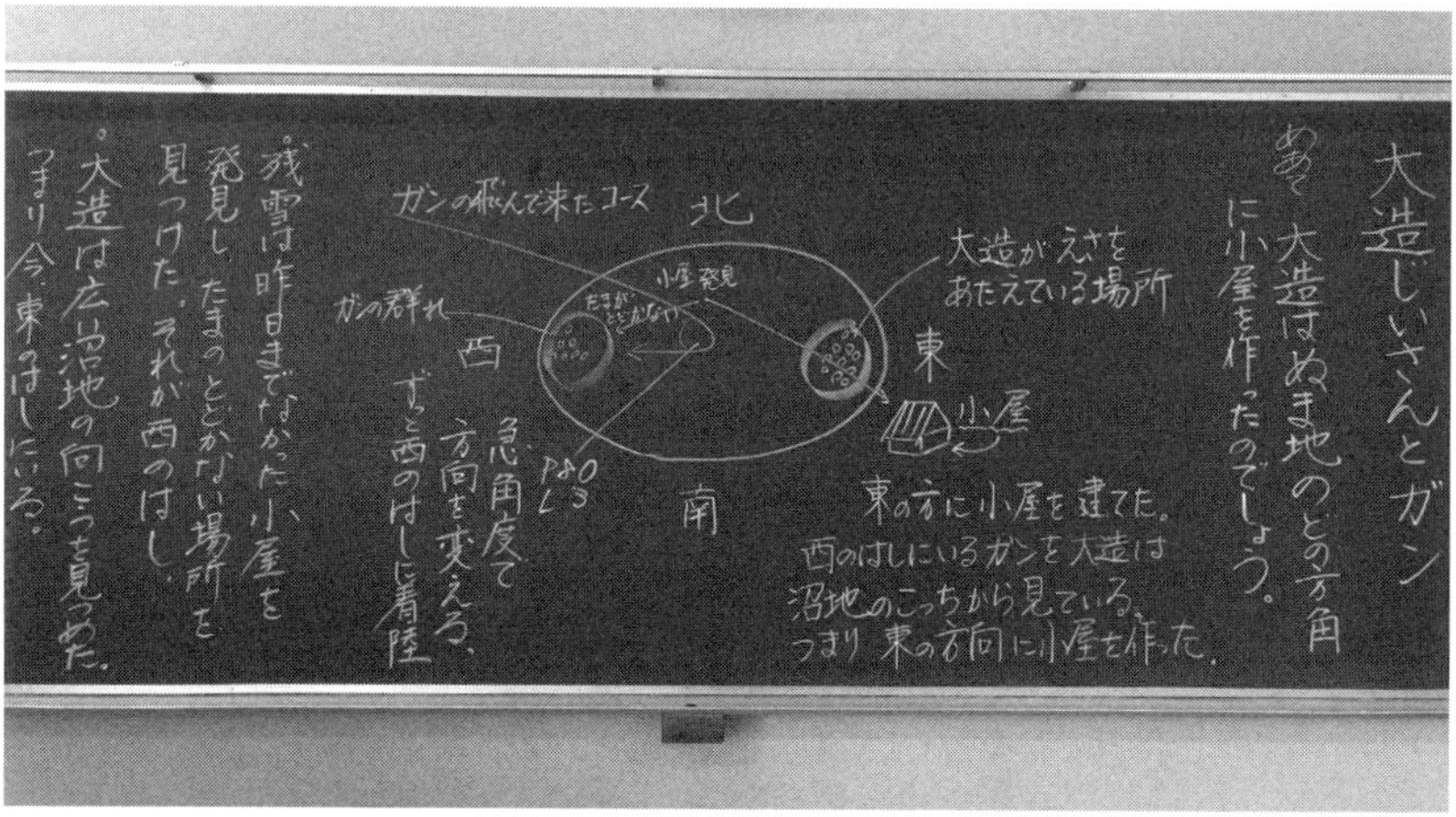

## 視覚ツールとしての黒板

国語の授業では、子ども同士の伝え合いを重視します。ですから、様々な子どもの音声による発言内容を、効果的に教師が目に見える形にすることが求められます。板書計画においても、予想される児童の反応をどのように学習のめあてに関連付けていくか予測しておくことは大切ですが、それ以上に、授業中の発言を効果的にメモし、構造的に整理することが大切になってきます。しかも、黒板にチョークを使ってメモするわけですから、ある程度の速記力が必要です。

板書は、テーマの確認、教師の発問と子どもの答えの関係、あるいは、子ども同士の意見の関連性が、目に見える形として提示される、子どもの思考の手助けをするための視覚ツールだと思ってください。

授業中の児童の発言を聞きながら、教師は気になった表現をメモします。しかし、単なるメモではありません。子どもたちが伝え合った意見などを対比させたり、関連付けたり、主題に迫る発言をクローズアップしたりと、発言内容を構造化するために、矢印や囲み線、色チョークなどを効果的に使いながら、学習過程が目に見える形になるように板書メモを仕上げていくのです。

## 色チョークは使い方を決めて

小学校で使うチョークの色は、白・黄・赤・青・緑・茶の六色が一般的です。中でも、白・黄・赤は別格です。中にはこの三色しか使わないという教師も結構多いようです。私も、理科や図工の時間に図やイラストを書くとき、青・緑・茶をまれに使うこともありますが、それ以外はほとんど使いません。いつも、基本は白で文字を書き、重要なキーワードは黄、最重要な語句や傍線は赤、という使い分けをしています。色チョークの使い方についてはパターンを決め、どの授業でも同じパターンで書くことによって、特に教師が「はい、これは大切ですよ」と言わなくても、「先生が黄色で書いたから大切な言葉だぞ」とか、「あっ、赤だから絶対テストに出る」というように子どもが気付いてくれるようになります。ちなみに、赤チョークで書いた文字は色覚異常の子にとって黒板の色と同化して見えてしまい読みづらくなってしまいます。そこで最近では、オレンジ色に近い赤のチョークも使われるようになりました。クラスに色覚異常の子がいる場合には配慮が必要です。

## 子どもの発言をどうメモするか

子どもが発言する言葉を全部丁寧に書き写す板書ができればいいのですが、そんなに速く黒板に書くことはできません。しかも、大量に文字を板書しても、子どもがノートに整理できません。そこで、子どもの発言を大切にしつつ、要点を整理して書くメモの技術が必要になってきます。子どもの発言は時々聞き取りにくいときがあったり、途中で意味が曖昧になってしまったりする場合があります。あまりにも聞き取りにくいときには、もう一度聞き直すこともありますが、たいていの場合、教師はそれらを注意深く聞き取って、教室全体に分かるような言葉に置き換えて短く板書します。そんなとき、「君の意見は一文で書くとこういうことかな」と子どもに確認をすることも指導技術の一つです。発言の中にあるキーワードを素早く聞き取ることや、一文に要約する技術は、かなりの高等テクニックになりますが、いわゆるメモを取るテクニックですから、トレーニング次第で習得することができます。

子どもの発言は、長くても三十秒ほどで終わることが多いので、短期記憶をフルに使えば何とか覚えることもできますが、次の四つのポイントを知っているだけでかなり正確にメモすることができます。

※無理に縦書きにしない。横書きでもいい。
※今聞こえる声を文字にする。間に合わなければ飛ばす。
※無理に漢字を書こうとせず、平仮名や片仮名を使う。
※例えば「ごんぎつね」など、登場人物の名前などは㋝などの記号を使う。

このようなポイントを使ってメモをした後に、先ほどの例のように、「君の意見は一文で書くとこういうことかな」と言いながら一文に要約するのです。板書は子どもの発言とともに作り上げるものですから、板書メモのテクニックはぜひ身に付けて欲しいところです。

### ❗やってみよう

板書メモのトレーニングをしてみましょう。

・先生役と生徒役に分かれてもらいます。
・先生役が最初に「夏休みに（日曜日に）何をしましたか?」のような発問をします。子ども役は口々に体験を語ります。その時、「野球」「花火」のような単語だけではなく、「田舎のおじいちゃんの家に行って、裏山でカブトムシを捕った」のような文を言わせるように発問してください。

・先生役は生徒役の話を聞き板書メモを取りましょう。また、聞き取りにくい場合は聞き直したり、もっと詳しく聞きたい事柄がある場合には質問をしたりしてください。
・生徒役の話が終わった後、一分間程度で板書メモを整理して、「○○さんの夏休み」という形に清書してみましょう。

考えるヒント

## 板書は誰のために？

板書というのは、いかにも先生の仕事という感じがします。したがって、教育実習に行くと、非常に熱心に取り組み、詳細な板書計画をばっちり作って授業に臨む人もいるのですが、ここでちょっと考えて欲しいことがあります。それは「板書は誰のためにするのか」ということです。

本文にもあったように、板書をするときに黒板の方ばかり向いて話す先生の声は非常に聞き取りづらいです。それは言うまでもなく先生の声が教室ではなく、黒板の方向にばかり向いてしまい、音として子どもたちの耳に届きにくいからです。黒板を書くことに熱中するあまりに、子どもたちと向き合っていないと言われることがないように注意しましょう。

もう一つの問題は「完璧主義」です。もちろん、「行き当たりばったり」がいいとは言いません。四十五分間の学習活動を想定し、板書計画を作ることは大切なことです。しかし、その一方で、「板書とは、板書計画を黒板に再現すればいいんだ」と考えてしまうのも問題です。板書とは、四十五分間の学習過程を一望できる記録になっている必要があります。そして、学習過程とは先生だけが勝手に作るものではなく、先生と子どもたちとのコミュニケーションの結果、生まれるものなのです。授業は板書だけで成立するわけではありません。最初から先生の手元にある板書計画通りに黒板を再現しようとすると、授業運びも板書計画に制限されがちです。計画通りに進めることにこだわるあまり、目の前で授業を受けている子どもたちの反応を見過ごすということになってしまうと、それはいかにも教師の自己満足の授業だなと見られてしまいます。特に教育実習では、研究授業など「特別な授業だ」と力が入れば入るほど陥りやすいので気を付けて欲しいところです。

というわけで、「板書は誰のためにするのか」の答えは、「先生のためではなく、子どもたちのためにするのだ」ということになるでしょう。授業の流れを見失った子どもが、黒板を見れば、流れを思い出せるような板書を目指しましょう。

さらに言えば、板書は単なる記録ではありません。もちろん、子どもの発言をうまく取り上げ、四十五分間の学習過程を記録していくというのは、板書の重要な役割の一つです。しかし、板書は評価ツールにもなります。自分の発言が刻まれた板書を眺めてうれしそうにしている子どもの姿を見れば分かりますね。単にほめられてうれしいという以上に、自分がその学習過程に貢献したことの証に感じているのではないでしょうか。

教室という小さな社会の中でも、貢献できたという満足感は大きいものです。そして、社会への貢献という考え方は、実社会でも極めて重要です。貢献できたという満足感を得る体験は、学校教育が集団で行われることの意義の一つだと言えるでしょう。

5章

# 場面の読み取りを大切にする物語の授業

この章のねらい

- 音読のポイントを知る
- 場面、主人公の心情の読み取らせ方を学ぶ

小学校の物語文の指導では「場面の様子を読み取る」「人物の心情を読み取る」など、いろいろな指導事項がありますが、最も大切なことは、子どもが教科書に書かれている文字を読んで、物語の世界や登場人物をイメージできるようにすることです。白い紙に黒のインクで印刷された「海」という文字を読み、「青い海」や「嵐の海」などの映像を思い浮かべるといったことです。そして、そのような本の中の世界をクラスの他の友達と分かち合うことです。その手助けをするのが教師の仕事です。

この章では、子どもたちが様々な読みを分かち合うための授業のありかたについて考えてみましょう。

## 音読上手な教員をめざせ

小学校の教科書なんて簡単に読めると思っている方も多いと思いますが、目で読むのと声に出して読むのとでは大違いです。例えば、「たちつぼすみれの葉っぱのかさをかたにかついで」のような言葉を、練習もせず子どもの前でいきなり音読すると、「タツツボスミレのパッパのかたをかさにかついで」と間違って読んでしまいかねません。また、「今夜は雨が降るのかしらね」の会話文を「今夜は雨が降るのか、知らねぇ」と読んでしまったりすると、登場する女性のイメージを一変させてしまうことになりかねません。音読上手な教師をめざすためには、何度も教材文を声に出して読むことです。子どもに読ませるなら、まず教師が読めないと話になりません。

## 子どものお手本になる音読とは

音読で大切なことは、声の強弱や話す速さ、間の取り方等がありますが、教師が音読のお手本を示す「範読」を行い、それらを自然に表現して聞かせることが重要です。先生の音読次第で、子どもがその物語を好きになるか嫌いになるか決まってしまうほどです。

そして、最も大切なことは、物語の内容をしっかりとつかんだうえで読むということです。物語の内容をしっかりつかんでおかないと、文を切るところや強弱、速さなどが不自然になってしまいますし、そのような不自然な読み方では、人物の気持ちや場面の様子を味わうことはできないでしょう。お手本の音読（範読）ができるように、教師としてしっかりとトレーニングしなければなりません。

## ❗やってみよう

教科書の本文を用いて音読のトレーニングをしてみましょう。そして、どのようなことに気を付ければ、お手本としてレベルの高い音読ができるのか、話し合ってみましょう。そのことが、子どもに音読をさせるときの指導のコツにつながります。

音読のポイント

・声の大きさ（発声の仕方）
・声の強弱
・話す速さ

※まだまだ音読のポイントはたくさんあります。どのようなものがあるか考えてみましょう。

## 物語の読解の基本は、場面の読み取り

さて、音読のところで述べた「物語の内容をしっかりつかんで読む」ということは、言い換えると、場面の様子をイメージしながら読むということです。物語はいくつかの場面によって書かれていますから、一つ一つの場面を読み取ることは物語文の基本です。場面の読み取り方を教えることによって、登場人物の心情の読み取りや作者の意図の読み取りのような段階に進むことができます。

場面には時間・場所・登場人物の三つの要素があります。これに加えて、出来事も読み取らせると、より場面の移り変わりがはっきりします。

例えば、『桃太郎』の冒頭の部分を場面分けすると次のようになります。

1　場面の要素

時　間　**むかしむかし**
場　所　あるところに
人　物　おじいさんと
　　　　おばあさんが
出来事　おりました

2　場面の要素

時　間　**ある日**
場　所　川で
人　物　おばあさんが
出来事　せんたくをして
　　　　いると川上から
　　　　桃が流れてきま
　　　　した。

3　場面の要素

時　間　**その後**
場　所　**家へ**
人　物　おばあさんは
出来事　桃を持って帰り
　　　　ました。

4　場面の要素

時　間　**桃を切ろうとし**
　　　　**た時**
場　所　（家で）
人　物　おばあさんが
出来事　桃がパカッと割
　　　　れて中から男の
　　　　子が出てきまし
　　　　た。

『桃太郎』の例は時間と場所に注目して場面分けをした簡単な例ですが、この場面の分け方にはルールがあります。

### 場面分けのルール

時間　「ある日」「次の日」のように、少しでも時間の変化があれば別の場面として分ける。

場所　出来事が起こる場所や、登場人物が活動している場所が少しでも変化したら、別の場面に分ける。

登場人物　中心人物だけではなく、他の登場人物が登場したり退場したりすることにも注目して別の場面に分ける。

出来事　時間・場所・登場人物の変化に注目すれば、必然的に出来事も変わる。出来事に注目することによって、登場人物の考え方や気持ちが、どのようなきっかけによって変化していくのかを読み取ることができるようになってくる。

時間・場所・人物に少しでも変化があったとき、それぞれを一つの場面として整理することを「場面分け」と言います。一つの場面につきカード一枚に整理して、黒板の右端から左端へと順に並べて貼っていくと分かりやすいでしょう。映画の絵コンテの文字バージョンといった感じです。

実際に教科書の本文を用いて場面分けを行い、カードに整理する活動を行ってみましょう。

## 物語を大きく分ける構造読み

物語文は次の四つに大きく分けられるとよく言われます。「①前話」「②ストーリー展開」「③クライマックス」「④後話」。「①前話」は物語の登場人物や、場所などの紹介として物語の冒頭部分に書かれます。「②ストーリー展開」は、出来事（ドラマ）の始まりです。「③クライマックス」はドラマの山場になる部分です。「④後話」は物語の結末部分（エピローグ）です。

場面分けで作ったカードの何枚目までが前話で、何枚目から何枚目がストーリー展開で、クライマックスに当たるのが何枚目で、何枚目から後話が始まるのか、といったことを目で見える形に分けていくことによって、物語文の構造がよく分かります。このことを「構造読み」と呼ぶことにします。場面分けによって物語を細かく読み、構造読みによって物語の書かれ方を大きく捉えます。

## 中心人物の心情の変化を読む

場面分けと構造読みができたら、物語の学習の半分が整いました。いよいよ本番です。物語文の学習の目的は、中心人物（主人公）の態度や考え方や気持ちが、様々な出来事を通して変化していく様子を読むことにあると言っていいでしょう。そのためには、中心人物の態度や考え方、気持ちが大きく変化する場面の読み取りが重要になってきます。では、それは、どこに書かれているのでしょう。

## クライマックスを読む

中心人物の態度や考え方、気持ちが大きく変化する場面とは、ずばり、クライマックスです。けれども、クライマックスだけを読み取ってもあまり意味はありません。クライマックスに至る過程や、クライマックス後の展開との比較によって、初めて中心人物の変化をとらえることができるのです。そのためには、出来事と、それに対する中心人物や他の登場人物の行動や会話を読み取ることが、大きな手がかりとなります。

実際に小学校の教科書教材を使って「クライマックスの読み」をしながら、指導するためのポイントを押さえておきましょう。

## 行動や会話を通して心情の変化を読み取らせる

登場人物の行動や会話を読めば、中心人物の気持ちが大きくゆれ動くところが分かります。これを「人物の心情の変化」と言います。中心人物は、様々な出来事や他の登場人物との関わりを通して、心情が変わっていきます。そのきっかけとなる出来事を読み取り、その出来事によって変わっていく行動や、変化が現れていると考えられる会話文を読み取っていくのです。

ここで、中心人物の心情の変化を読み取らせるうえで大切なポイントを整理しておきましょう。

## 中心人物の心情の変化を読み取らせる三つのポイント

①出来事　物語では何らかの出来事（ドラマ）が起こる。

②行動や会話　中心人物は、出来事によって様々な行動を起こし、他の登場人物と会話を交わす。

③心情の変化　行動や会話によって人物の心情が変化し、その変化は、心の中で思っていることや感じていることとして表現される。

さて、物語をもっと深く、もっと楽しく読むためには、登場人物についての読み取りのテクニックが必要です。そのために必要な読み取りの観点をいくつか紹介しましょう。そして、この観点以外にどのような事柄を指導すればいいか、話し合ってみましょう。

## 登場人物について深く読み取らせる五つの観点

- 登場人物の生い立ち（両親とも健在か・みなしごか・謎なのか等）
- 登場人物の人間関係（家族の関係はどうか・友達との関係はどうか等）
- 登場人物のプロフィール（氏名・年齢・性別・職業等）
- 登場人物の性格（言動や仕草・表情から想像する）
- 登場人物の姿形（人か動物か架空の生き物かなども含めて）

## 物語の読み方指導の結末はどう締めくくるか

・主題にせまる感想を述べ合う授業

音読から始まり、場面分け・構造読み、中心人物の心情の変化の読み取りへと学習が進みました。ここまで学習すれば、作家が、一つの物語を通して読者に何を訴えたいのか、考えることもできるでしょう。一つの物語を通して訴えているテーマを「物語の主題」と言います。ここで押さえておきたいことは、物語の主題は決して一つではないということです。読み手の考え方や、経験、あるいは読み方（登場人物の誰に注目して読むかなど）によって、主題は読者の数だけ変わってきます。ですから、物語の主題を考えさせるときに、一つの主題を正解とするという考え方は適当ではありません。それよりも、物語を読んで「どの出来事や主人公の行動・会話・心情の変化に感動したか」ということについて、自分の意見を述べ合うことが大切です。そのことが、物語文の学習を楽しくし、同時に一人一人の子どもが読み取った物語の主題を確かめる学習になるのです。

・主人公の心情の変化について意見を述べ合う授業

物語文は、登場人物の心情の変化を読み取ることが大切です。そのために、主人公の人物像を捉え、出来事について把握し、それらを心情の変化と結びつけて考えることが必要です。

まず、心情の変化のきっかけとなる出来事において、主人公がとった態度や行動、あるいは会話をチェックします。次に、出来事が終わったとき、主人公を取りまく状況がどのように変化したか、主人公はどのような気持ちになっているかということを読み取って整理するのです。主人公の心情の変化を読み取るには、叙述に即したきめ細かな読み取りが必要です。出来事を中心に、主人公の言動を一つ一つ読み解いていくことによって読解力が身に付いていくのです。

大勢の子どもたちが、それぞれの視点で読み解いた内容を伝え合い、確認し合うことによって、共通点や相違点が明らかになってきます。伝え合いによって、より深い読み取りが可能になってきます。ですから、学習の最後には、今まで学習してきたことをまとめる意味で、「主人公の心情の変化について意見を述べ合う」ことが必要です。例えば、「この物語では、①中心人物が、②どの出来事によって、③どのように変わっていったのか、④それはどこを読めば書いてあるのか」ということについて整理し、筋道を追って意見を述べ合う授業です。この授業が成立するためは、どの場面がクライマックスで、クライマックスの前と後では中心人物の心情にどのような変化があり、それは、どの言葉によって書かれているか、ということを子どもたちが読み取っていないと成立しません。この段階に至るまでに、教師がいかに丁寧に授業を進めるかどうかによって、成果が大きく分かれることになるでしょう。

## !やってみよう

実際に教科書の教材をいくつか読み、「主題について自分の考えを述べ合う活動」や、「主人公の心情の変化について意見を述べ合う活動」を体験してみましょう。その上で、教材について理解できたことや、学年や目的に応じた物語指導の方法のバリエーションを考えてレポートにまとめましょう。

memo

## 作者の意図や主人公の気持ちよりも大切なこと

国語のテストの定番として、「作者の意図は次のうちどれでしょうか」や、「主人公の気持ちは次のうちどれでしょうか」という問題があります。これに関して、面白いエピソードがあります。一部引用してお示しします。

金田一：国語って、情緒的になってしまいがちですよね。「作者の気持ちはどうだろう。みんなで話し合ってみよう。」みたいな。そんなの、答えがあるのかな、と思う。

よしもと：以前、『TUGUMI（つぐみ）』（中央公論社）がセンター試験の問題になったことがあったんです。わたしもやってみたんですが、一問間違えましたもの。

金田一：（笑）そうですか。やっぱり。

よしもと：あっ、漢字の問題じゃないですよ！「このときつぐみはどう思ったでしょう。」みたいな、5択問題で間違えたんですよ。あれはショックだった。書いたわたしがこの答えでいいって言ってるんだから、それが合ってるに決まってるじゃん、って思いました。

（金田一秀穂・よしもとばなな 二〇〇五「国語の思い出」『光村メールマガジン』一一九号）

作者の意図や主人公の気持ちは、作者にしか分からないのではないか、と考えることはよくありますが、作者が間違えてしまう問題は、いったい国語の何の力を測っているのでしょうか。

もちろん、このことだけを取り上げて国語のテストの全てを否定するのは早計です。たとえ作者が間違える可能性がある問題であっても、その文章から読み取れる一般的な答えを選ぶ読解能力を測っていないとは言えません。しかしながら、やはり違和感が残りますよね。

作者の意図や主人公の気持ちを、本文から読み取るというのは、物語の読解において重要な課題の一つであることは確かです。しかし、その答えを作者に全て確認するわけにはいきません。では、どう教えればいいのでしょうか。

その答えは、子どもの反応を大切にする、ということです。もちろん、作者の意図や主人公の気持ちを読み取ることは大切です。しかし、教育において、それ以上に大切なのは、その物語を読んだ子どもが、どんな反応をするかを予想し、そして「もっと他の考え方もあるんじゃない?」と導いてあげることです。物語は作者が書き上げた時点で、いったん、作者の手を離れたと考えてはどうでしょうか。そして、子どもたちが物語を読んで生じたありとあらゆる反応こそが「読み」そのものであると考えるのです。こうした考え方を読者論や読書行為論といいます。教師も子どもも、そして作者さえも、対等な読者として意見を交換してみると考えることで、作者の意図や主人公の気持ちよりも大切なことが見えてくるでしょう。

6章

# 理科や社会科にならないための説明文の授業

この章のねらい

- 説明文を学習することの意味を理解する
- 説明文の指導方法について様々な方法を知る

国語科の教科書には植物や動物の生態について書かれてあったり、社会問題や歴史的な事柄について説明してあったりする文章が掲載されています。これを説明文教材（説明的文章教材）と言います。例えば、『ありの行列』（光村図書　三年下）では、昆虫のアリがなぜ行列を作るのかについて、ある科学者が実験を通してその謎を解明していく様子が紹介されています。この内容をしっかり読んでいくと、アリが行列を作る理由が理解できます。昆虫好きの子どもにとっては楽しい教材でしょう。

では、アリが行列を作る仕組みを理解することが、国語科の時間の目的なのでしょうか。どちらかというとそれは理科の時間に学ぶ内容ではないでしょうか。

この章では、国語科の時間に説明文教材を学習する目的とその方法について考えてみましょう。

## 国語科で学習しなければ、説明文は理解できないの？

算数科の教科書は、計算の方法等について分かりやすく解説してある説明文。社会科の教科書は、地理や歴史について具体的な事例を紹介してある説明文。家庭科の教科書は料理や洗濯の方法についての説明文。理科の教科書は生物や化学などの内容について具体例や実験・観察の方法を解説した説明文。このように、他教科の教科書は全て説明文だといえるでしょう。さらに、私たちの身の回りには、電気製品の取扱説明書や、料理のレシピのように説明文だらけです。

これらの説明文を読むのに、国語科で学習したことが関係しているでしょうか？　国語科の説明文の学習が苦手な子は、それらの説明文が理解できない事態が生まれているでしょうか？実際はそんなことはありません。国語科の成績に関係なく、子どもは、何の苦もなくゲーム等の取扱説明書を読み、他教科の教科書を読み、国語科以上にいい成績を取る場合もあります。

## 説明文教材は論理的な読み方や考え方を育てる基礎

社会科や算数科の教科書は、書いてあることを読めば分かるように書かれていますし、ゲームや電気製品の取扱説明書は、読み取りのテクニックなど全く必要としないくらい分かりやすく書かれています。それらをいくら読んでも読解力はほとんど身に付きません。

一方、国語科の説明文教材は、ある事柄に対して、具体的な例を挙げながら、筋道を立てて説明してあります。教材によっては、筆者の考えが書かれることもあります。このような文章を読むことを通して、説明の筋道の立て方を学んだり、筆者の述べていることを理解したりしながら、文章の理解の仕方（読解力）を身に付けさせ、説明上手な子を育てるのが説明文の学習です。論理的な読み方や考え方を身に付ける学習と言い換えてもいいでしょう。内容を深く掘り下げると理科や社会科の学習になってしまいがちですが、かといって、説明文の書き方や要点探しに注目しすぎると、せっかくの面白い内容から離れてしまった、味気ない授業になってしまいます。では、どのように指導していけばいいのでしょうか。

## 説明文の指導の基本

説明文教材の授業で最初に行うのは音読と段落分けです。次に行うのが要点の読み取りや段落と段落の関係の読み取り。最後に行うのが筆者の考えや主張の読み取りです。では順を追って指導の仕方を見ていきましょう。

## スラスラ読ませるためにはまず教師の範読から

説明文では、文章の意味のまとまりごとに行が変わります。このことを形式段落と言いますが、形式段落の始まりが一マス空きで書かれており、目で見てすぐに分かります。

まず音読の前に、一マス空いているところに①②…⑩と段落番号を書き込ませます。次に音読ですが、形式段落ごとに読み手を変えさせたり、話題が変わったところで読み手を変えたりする読み方があります。ところが、説明文には新出漢字や、日常会話にはなじみのない言い回しなどで述べられる場合が多く、いきなり読ませると子どもはたどたどしい読み方になってしまいます。5章の「物語の授業」についてのところでも述べましたが、音読の基本は教師の範読です。教師がお手本を示し、新出漢字の読みを教科書に書き込ませたり、耳慣れない言い回しなどに注意をさせたりしながら、文章に慣れさせることが大切です。

とにかく、子どもたちが全員スラスラと読めるようにならなければ、国語科の指導は始まりません。もちろん、教師がお手本を示さず、新出漢字や語句調べから入って、読み方を理解してから音読させる方法もあるでしょう。学年や教材によっては、そのような方法を採ることもよいのではないでしょうか。

## 形式段落を三つのまとまりに分ける

教科書に載っている説明文は、そのほとんどが三部構成によって書かれています。「はじめ・中・終わり」という書き方です。「はじめ」の部分を「序論」、「中」の部分を「本論」、「終わり」の部分を「結論」と言ったりもします。

「はじめ」の部分には、「今から、この話題について書きますよ」といった話題提示の文章や、「どうしてこのようなことが起こるのでしょう」といった問題提起の文章が書いてあります。

「中」の部分には、話題に関する詳しい説明や、問題提起に対する答えが書かれ、必ず具体的な事実がいくつか述べられます。

「終わり」の部分には、「中」の部分で書かれていることをまとめたり、筆者の考えが述べられたりして、文章全体を締めくくることが多いようです。この三部構成の文章の書き方は、説明文教材の一般的な書かれ方ですから、しっかりと理解させます。

教科書によっては四部構成の説明文もあります。「はじめ・中・まとめ・結び」という書き方です。「はじめ」と「中」は三部構成の場合と同じですが、「まとめ」の部分で事実に関する筆者の考察とまとめが書かれます。そして、「結び」の部分では筆者が自分の意見や考えを述べる書き方です。

## やってみよう

実際に教科書の説明文を何作品か比較して読み、文章構成の特徴をつかみましょう。

三部構成の場合、形式段落のどこからどこまでが「はじめ」にあたるのか、「中」はどの段落からどこまでなのか、「終わり」はどこから始まるのか、大きく三つに分けます。話題提示や問題提起の書き方は、「〇〇について知っていますか?」「どうして〇〇なのでしょう」のように特徴がありますから、それを手がかりに読みます。具体的な事実は順序よく説明してありますから、「はじめに・つぎに」のように順序を示す接続詞が使われます。そして、全体のまとめや筆者の考えを述べるときには、「このように」のように、内容をまとめる機能を持つ接続詞が使われます。「はじめ＝問題提起」「中＝具体的事実」「終わり＝筆者の考え」という説明文の書かれ方について、書き方の特徴をつかませながら子どもに理解させるための教材研究をしてみましょう。

## 説明文全体の内容を大まかに把握させる

三部構成に分けさせた後、「はじめ」と「終わり」を続けて読み、話題と結論の関係を把握します。全体を通して筆者が何について述べているのか、大まかに知ることが大切です。例えて言うなら、なぞなぞの問題を読んで、すぐに答えを読むといった読み方です。その後、「中」の部分においてどのような具体例を基に説明がなされているのか、説明の仕方を読めばいいのです。

「この説明文はどんな説明文か、一文で説明しなさい」という教師の問いかけで、「この説明文は〇〇のことについて、〇〇を例にして説明してある文章です」ということがつかめればいいでしょう。

次に、実際に教科書の教材を使って一文で説明する活動を行ってみましょう。

## キーワードの見つけ方と要点の整理

具体的な例が書いてある「中」の部分は、分かりやすくするために丁寧な説明があります。その文章を簡潔にまとめること、つまり、短くすると話の中心が見えてきます。このことを「要約する」と言います。要約するためには、まず段落ごとの要点をまとめなければなりません。

説明文の指導で重要なのが要点のまとめですが、この学習が苦手な児童が多いのです。その理由は、「要点を見つける方法が分からない」というものです。しかし、要点は見つけるものではありません。整理するものです。見つけるべきなのはキーワードです。

キーワードは、段落の中で重要な語句であり、繰り返し出てくる言葉です。例文を読んでみましょう。

家庭から流れ出る洗剤やゴミによって、川の環境が悪くなってしまいました。そのような川ではホタルの幼虫やエサになるカワニナが住めなくなり、ホタルの数が減少してしまいました。そこで、川をきれいにしたり、幼虫の放流が行われたりするようになりました。こうした人々の努力によって再びホタルが増えはじめました。

（自作教材）

わずか四文の中に「川・幼虫・ホタル」という言葉が繰り返し使われています。そして、その言葉に付け加えて、「川の環境・川をきれいに」「ホタルの数が減少」「ホタルが増えはじめました」という言葉が使われています。これがキーワードです。

これらのキーワードに注目して再び本文を読み直すと、この段落の要点が分かってきます。要点は次のようになるでしょう。

環境が悪化した川をきれいにしたり、幼虫を放流したりすることによって、ホタルの数が増えはじめた。

## 接続詞の使い方

説明文の指導で次に重要なのが、接続詞の使い方です。

小学校で学ばせるべき接続詞の種類は次の六つです。

①同じ内容を付け足す場合・・・・・・・・・・・そして、それから、さらに、等
②ある事柄を詳しく説明する場合・・・・・・・たとえば、なぜなら、また、等
③順序よく説明する場合・・・・・・・・・・・はじめに、つぎに、等
④ある事柄と逆の説明をする場合・・・・・・・しかし、けれども、だが、等
⑤説明したいくつかの事柄をまとめる場合・・・ようするに、このように、等
⑥話題を変える場合・・・・・・・・・・・・・さて、ところで、では、等

できれば、教科書に使われている接続詞の種類をジャンル分けして、一覧表に書き出してみ

ましょう。

## 説明上手な子を育てるために

説明文の学習では、読解力を育てることはもちろんですが、最終的には、上手に説明できる力を育てることにあります。9章の「討論や発表を楽しむ授業」で詳しく述べますが、企業ではプレゼンテーションを行うことは当たり前になりました。その原稿を書く場合に、小学校から学んできた説明文の学習が生きてくるのです。その場合、国語の教科書に書いてあるような複雑な説明文ではなく、理科や社会科の説明文のように、書いてあることをただ読むだけで理解できるような簡潔な文章が書けるようにしたいものです。

### ! やってみよう

上手な説明文を書く練習として、例えば、自分が知っている美味しいお店の紹介とか、携帯電話の機能を説明することなど、身近なものをテーマに説明文を書いてみましょう。

## 説明文の何に着目すればいいのか

国語科では物語文と説明文という分類は一般的ですが、よく考えてみると、世の中の文章で「どちらに入れたらいいのか？」というものはいくらでもあります。例えば、意見文やエッセイはどちらに入るのでしょうか。物語かと言われるとそうではないですし、何かについてとりたてて説明しているかと言われるとやはりそういうわけでもありません。つまり、物語文と説明文というのは、「どちらかに分類できる」というものではなく、あえて国語科で取り上げるべき文種であるということなのです。

では、どうして「何かについて説明した文章」を読むことが、国語科で求められるのでしょうか。それは、言語に対する論理的思考を身に付けて欲しいという願いがあるからです。ただ、本章で学んだように、論理的思考を育成するという目的だけなら、理科でも社会科でも文章は読むじゃないか、ということになってしまいます。では、国語科に特有な言語に対する論理的思考とは何なのでしょうか。

それは、言語によって情報をいかに伝達しようとしているか、という方法を知ることです。説明文において、情報というのは大きなキーワードです。何かについて説明するという以上、読み手にとって未知の情報が入っている必要があります。ただ、未知の情報の割合が高すぎると、類推などの論理的思考が活性化されず「ふーん」だけで終わってしまいます。一方で既知の情報の割合が高すぎると、知識を得た感動は生まれませんから、これまた「まー、そうだねえ」で終わってしまいます。

つまり、いい説明文とは、未知の情報と既知の情報のバランスが取れているものなのです。もっと具体的に言えば、子どもが国語の時間に説明文を読んだ日の放課後、家の人に「こんなことを勉強した！」と話題に出さずにはいられないような説明文こそ、理想の説明文と言えます。知らないことばかりなら話題にするのも難しいでしょうし、知っていることばかりだと話題にする気も起きないでしょうから。

そして、既知の情報を足がかりに、未知の情報を類推させるような論理的思考こそが、国語科において特に身に付けさせたい、言語に対する論理的思考なのです。既知の情報をどのように読み手に伝達しているのか、未知の情報をどのように類推させようとしているのかという、筆者の「書きぶり」を読み解くことが、国語科で説明文を読むことの意義と言えます。説明対象の定義、特徴、価値、効果などを言語でどのように伝達しているのかに注目させることが大切です。

さらに言えば、説明文は物語文以上に「書くこと」への足がかりにならなければなりません。将来、小説を書くようになる子どもはそんなにいないかもしれませんが、「何かについて説明する文章」を書くことは社会人に幅広く求められることです。筆者の「書きぶり」に学び、説明対象を論理的に言語で伝達できることを目指して、説明文の指導は行われなければならないのです。

7章

# 書けない子でも書けるようにする作文の授業

この章のねらい

- 作文指導としての日記指導について理解する
- PISA型の作文指導（意見文を書こう）を行う

小学校の国語科の時間にいきなり原稿用紙を配られて、「昨日の遠足のことを作文にしなさい」と言われた経験はありませんか？「え～」と言いながら、とりあえず「楽しかった遠足」と題名を書いて、「きのう、ぼくは遠足に行きました」と書き始めたりしたことでしょう。ところが、そこで鉛筆が止まってしまう。えーっと、何を書こうかな、とモジモジしていると、先生がやってきて、「あら、まだ一行しか書いてないの」と言われて……ガックリ。このような授業を「作文の授業」とは言いません。「作文嫌いな子をつくる苦しみの時間」です。

では、どのような工夫をすれば、確実に書く力のつく作文の時間になるでしょうか。この章では作文を書かせるための指導法と作文の評価について考えてみましょう。

## 生活作文や行事作文は日記で

冒頭の例のように、行事の度に書く作文を行事作文といいます。遠足・運動会・音楽会など、学校には様々な行事があります。この行事作文のねらいは、行事の思い出を文章として記録し、自分の成長を後で確かめることにあると思います。ファイルなどに綴り、学年の終わりに再び読み返すことによって、自分の成長や学びの足跡が分かるというものです。確かに面白いでしょうし、意味はあると思います。けれども、書く力をつけるためには、行事作文だけでは十分とは言えません。年間を通して、継続して様々な文章を書く活動をさせることが大切です。そこで登場するのが日記です。

小学生の宿題といえば日記ですが、日記を毎日書くのは大変です。第一、それらの作文を読んで赤ペンを入れる時間は膨大です。四十人学級を担任している場合、日記を読んで赤ペンを入れるだけで二時間はかかります。その日の日記をその日のうちに返してやることなど、物理的に不可能です。日記帳を二冊用意して、交互に毎日書かせる先生もありますが、本当に神業のような仕事です。

## 書かれたものから「ワザ」を見つける

受け持ちのクラスの人数にもよりますが、日記指導を無理なく丁寧に行うことを考えると、例えば月水金は日記の日という具合に、一週間に二～三回が適当です。内容も、出来事日記ばかりではなく、なりきり日記（物になりきって擬人法を意識して書く）・国語日記（国語の授業で面白かったことや分からないことを書く）・笑い話日記（自分の失敗談や家族の面白いエピソード紹介）・ありがとう日記（一日の中で友達に感謝したこと）など、書きたくなるようなテーマのアイデアを子どもと共に考えると、書く意欲の向上につながります。また、日記帳ではなく、「お手紙プリント」を用いて教師と手紙のやりとりをする方法などもあります。

テーマの工夫はもちろんですが、書く力を身に付けさせるには、子どもの日記の中から価値ある表現を見つけ出し、作文の書き方の工夫として一般化するという指導を忘れてはいけません。初期の段階では自由に書かせますが、日記の表現の中にキラリと光るものがあれば、必ず全員に紹介し「キラリ日記のワザ」のように教室に掲示していくのです。例えば、「いつ・誰が・何を・どうした」がしっかり書けている子がいれば必ずほめて、これを「キラリ日記のワザ一号」にしましょう。会話文が日記の中にあれば、「会話を入れると日記がぐっと面白くなりますね。キラリ日記のワザ二号」というふうに、表現上の工夫を教師が見つけ、ほめることによって価値付け、全員に作文のワザとして一般化する、という流れです。やがて、キラリ日記のワザが十号を超える頃、「今日の日記は、ワザを三つ使って書きましょう」と指示したり、「もっとワザを見つけてね」と課題を与えたりします。その次の段階になると、子ども同士で日記の表現のいいところを見つけ合う活動をさせます。さらに、ほめ合いによって新たなワザが見つかれば、教室に「キラリ日記のワザ第○号」と掲示していきます。一学期間継続すれば立派な作文指導のポイント集ができあがります。

「何を書いていいのか分からない」とか、「どのように書いていいのか分からない」というのは子どもの責任ではありません。教師が何をどう書かせるか工夫し、子どもの作文から見つけて価値付け、一般化することを継続すれば、必ず書けるようになります。

## やってみよう

では、実際に子どもが書いてきた日記に赤ペンを入れてみましょう。さてあなたはどのように赤ペンを入れますか？　下に示したのは小学校二年生の日記です。明らかにおかしな文や誤字脱字があります。きちんと直して指導することは必要ですが、間違い直しだけで終わってしまうと、子どもの書く意欲を削いでしまうことになりかねません。そこで、ほめてあげることも必要です。この日記にはキラリと光る表現の芽が出ようとしています。その部分を見つけ大いにほめる指導を心がけましょう。

赤ペンのポイント

・誤字脱字や原稿用紙の使い方のチェック
・いい表現のチェック
・励ましの言葉による意欲付け

※九三ページに赤ペンの例があります。

題　さんかんび　二年　氏名

ぼくは、今日さんかん日がありました。算数のかけ算を兔強をしました。七のだんをさいしょから言ったら分からなくなってしひち二四と何ども言ったらみんながわらったのでなきそうになりました。先生がいいんだよおちついてね。といったのでなかないでがんばりました。いつもはすらすら言えるのにお母さんが来たからドキドキしました。帰ってお母さんといっしょ一のだんから九のだんまで言ったらまちがえずに言えたのでよかったです。

## 書く学習において重要な「ＰＩＳＡ型読解力」

平成十六年十二月に、「生徒の学習到達度調査」（PISA2003 : Programme for International Student Assessment 2003）の結果が公表されました。この調査の結果において、日本の子どもたちの「読解力」の得点が低下している状況にあることが分かり、大きな課題が示されました。

ＰＩＳＡ調査の読解力問題の大きな特徴は、文章だけでなく、データを目で見て分かるように表現したもの（図、地図、グラフなど）が含まれていたことです。しかも、これらの文章や図表などを読み解くだけではなく、書かれた情報から推論して意味を理解することに加えて、書かれた情報を基に自分の意見を表現することまで求められました。しかも、文字数制限がある記述式の問題だったのです。

ごくごく簡単に言い換えると、「ＰＩＳＡ型読解力」は「読解力」＋「表現力」だったのです。これから小学校で国語科を教えることを目指す皆さんは、この「ＰＩＳＡ型読解力」を育てる作文指導力が強く求められます。では、どのような指導をすべきなのでしょう。

**！やってみよう**

では、実際に「ＰＩＳＡ型読解力」を育てる作文指導を体験してみましょう。対象は小学校高学年の授業内容です。まずは、次の資料を五分間読んでみましょう。気が付いたことをメモしてもいいですよ。

## 読めない字があったときに、どのような手段で調べるか

日ごろ新聞や雑誌などを読んでいて読めない字があって困ることがあるかどうかを尋ねた。「ある」と答えた人は41.0%となっている。「ある」の人たちに、読めない字があったときに、どのような手段で調べるかを尋ねた（選択肢の中から幾つでも回答）。
最も多い回答は「調べない」（34.2%）であったが、選択された手段の中で最も多かったのは「本の形になっている辞書」（29.6%）、続いて「携帯電話の漢字変換」（25.7%）であった。

**Q4S 読めない漢字を調べる手段（年齢別）**

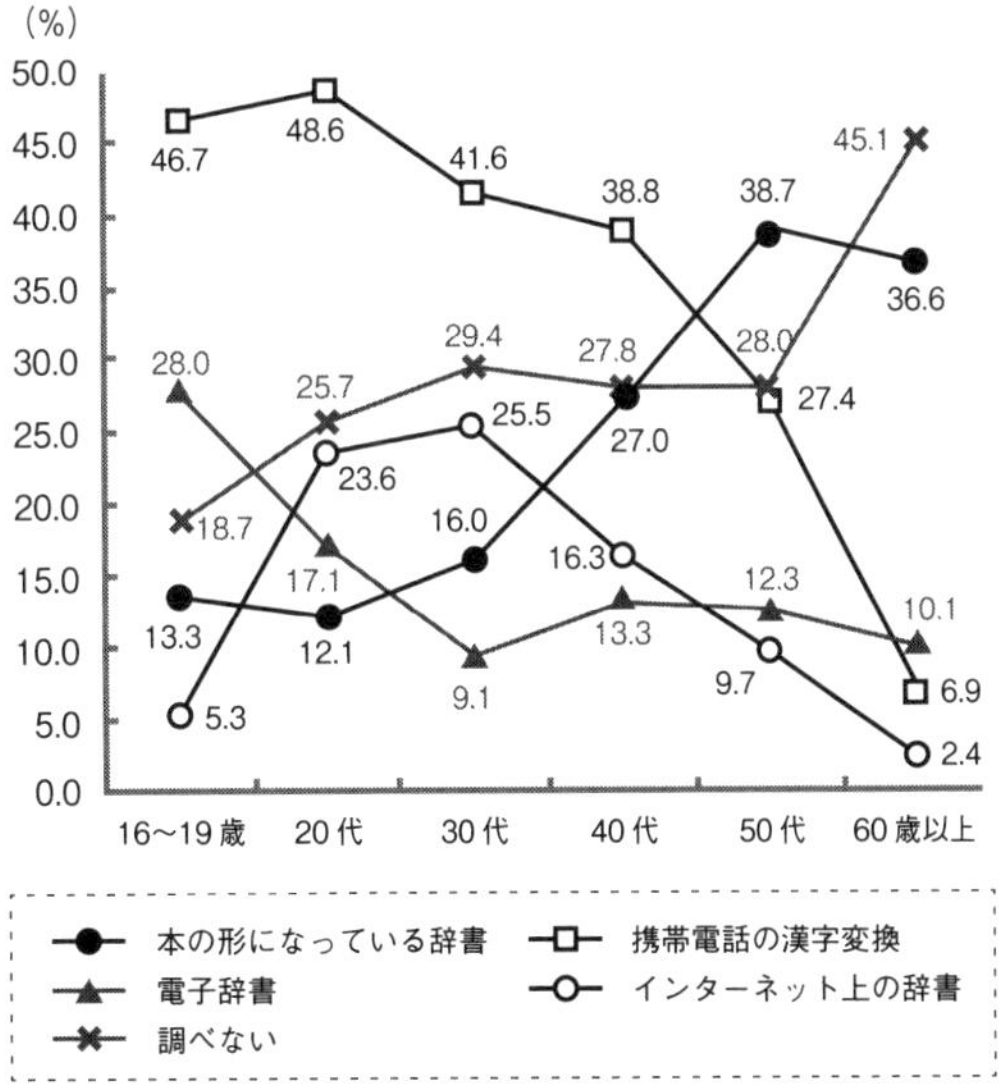


平成21年度「国語に関する世論調査」文化庁
調査時期：平成22年2～3月
調査対象：全国16歳以上の男女
調査対象数6,730人
有効回収数（率）4,108人（61.0%）

1　問い1　このデータのどこに注目しましたか。（三分で書きましょう）

私はグラフの（　　　　）に注目しました。

2　問い2　問い1についての私の考え。（四分で書きましょう）

3　伝え合い　隣の人と、自分が注目したデータとその理由について五分間の意見交換をしてみてください。

4　書いてみよう　次の条件を満たす百五十字の意見文を書きましょう。（制限時間十分）

条件1　資料を基に、事実とそれに対する感想、意見を書くこと。

条件2　最後の行まで書くこと。百六十字まで構わない。

条件3　段落構成は問わない。

条件4　データの数字は漢数字にしなくてもいい（例　三十％→30％）。

## 意見文を書き終わって

この百五十文字の意見文を書く活動は、資料を読み始めてから約三十分間の学習活動として設定しました。実際には授業の途中で「先生ちょっと待ってください」「先生質問があります」

のようなことも多々ありますから、小学校の授業時間である四十五分間ちょうどの学習活動になります。

また、この活動は、現職の教師が職員研修で取り組んでいる活動とほぼ同じ内容です。なぜ、現職の教師もこのようなトレーニングをするのかと不思議に思うかも知れませんね。実は、「PISA型読解力」を育てる作文指導については、現職の教師も指導の経験がほとんどないのです。ですから、「PISA型読解力」を育てる作文指導については、現職の教師も、大学において教師を目指している皆さんも同等で、学んだことが現場でもすぐに生かせる分野なのです。

## 作文の評価について

**やってみよう**

先ほど書いた意見文を評価することを考えてみましょう。次の例文を読んでABCの評価をしてみてください。

例

平成二十一年度に文化庁が実施した「国語に関する世論調査」によると、十六～四十代の三割を超える人が、読めない漢字を調べる手段として「携帯電話の漢字変換」を選択しており、二十代では40%を超えています。

読めない漢字がある場合、そのままにしておくのではなく、携帯電話などを使って調べ

るのは大変良いことだと思います。（百五十四文字）

この意見文は次の条件を全てクリアすれば「A評定」です。

条件1　資料を基に、事実とそれに対する感想、意見を書くこと。
条件2　最後の行まで書くこと。分量は百六十字まで。
条件3　段落構成は問わない。
条件4　データの数字は漢数字にしなくてもよい（例　三十％→30％）

あなたの評価は？

あなたの下した評価について理由を明らかにして隣の人と自分の評価結果について話し合ってみてください。

ちなみに、小学校高学年の子どもが、例文のような意見文を書けば、私なら迷わずAを付けます。なぜなら、次のような理由によってAになるからです。

- 事実と意見をきちんと区別して書くことができている。
- 規定の文字数程度で書けている。
- 資料の出典をきちんと書いている。
- 事実と意見を段落によって区別している。

最後に示された条件を全てクリアしているだけでなく、資料の中に使われているキーワードを使って書かれていることなどが高く評価できます。

あなたのクラス全体ではどのような評価に分かれたでしょうか？　A、B、C、それぞれの評価の理由を話し合ってみましょう。作文の評価の観点が人によって様々あり、それらのどれもが間違ってはいない観点であることに驚くことでしょう。

作文の評価規準や判定基準の設定は大切なことですが、なかなか高度で大変です。無理のない観点を設定するためにも学習指導要領をよく読み、同時に、自分自身も意見文などを書いてみる地道な努力ができる教師でありたいものです。

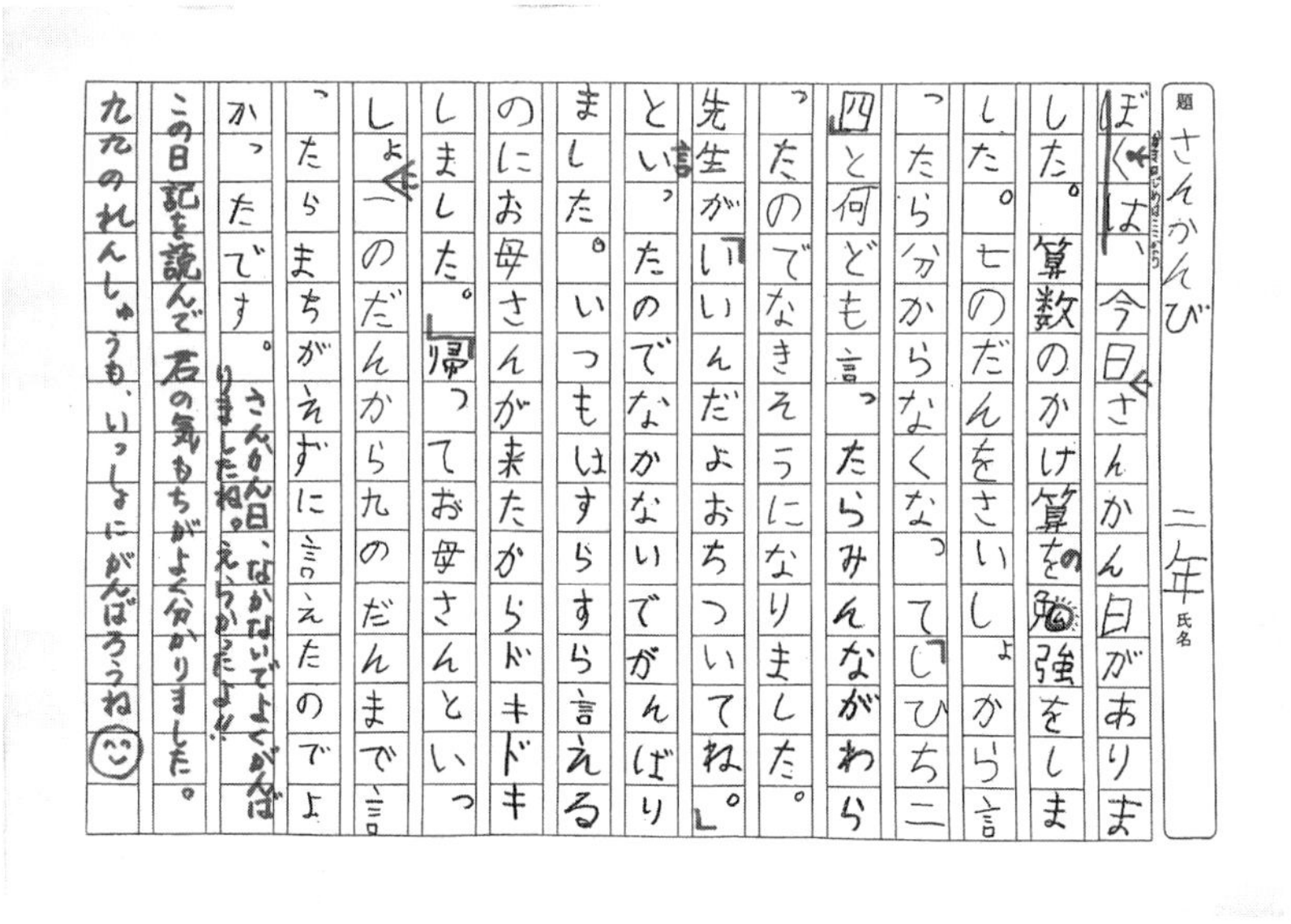
題　さんかんび　二年　氏名

ぼくは、今日さんかん日がありました。算数のかけ算の勉強をしました。七のだんをさいしょから言ったら分からなくなって「しひち二四」と何ども言ったらみんながわらったのでなきそうになりました。先生が「いいんだよおちついてね。」と言ったのでなかないでがんばりました。いつもはすらすら言えるのにお母さんが来たからドキドキしました。帰ってお母さんといっしょに一のだんから九のだんまで言ったらまちがえずに言えたのでよかったです。

さんかん日、なかないでよくがんばりましたね。えらかったよ!!

この日記を読んで君の気もちがよく分かりました。

九九のれんしゅうも、いっしょにがんばろうね☺

日記指導赤ペンの例

# 作文は誰が評価する？

作文に関して重要なのは、まず「書く」ことです。誤字や脱字を指摘したり、内容を評価したりすることも教師のワザですが、とにもかくにも書かないことには始まりません。ＰＩＳＡでも、日本の点数が低下した最も大きな要因は、自由記述問題の無答率だとされています。文化の違いと言ってしまえばそれまでですが、「まずは書く」ということが作文指導の第一歩です。そして、教師を目指すみなさん自身が、「まずは書く」を実行できるかが、みなさんの教師としての試金石となります。

さて、それでは書けた作文をどう評価すればいいでしょうか。もちろん、教師はプロの技術として確固たる評価規準を持っているべきで、それによって作文を評価できなければなりません。形式面、内容面、表現など多様な評価規準について熟知し、経験を積み重ねることによって、プロの技術としての作文添削ができるようになります。道のりは長いですが、忙しいからといって、作文の添削をその場限りの仕事としてやり過ごしていくと、添削技術の熟練が進みません。添削した作文は保存し、気付きは記録していくようにしていって欲しいと思います。

一方で、子どもたちが日常生活で作文を書く機会はどのくらいあるのか、そして、読むのは誰なのかということも考えてみて欲しいと思います。実際のところ、「遠足の作文」や「読書感想文」は学校以外で書くことはないでしょう。これらの作文は、いわば練習です。内容とともに、よりよい文章構成を学ぶために教師は適切な評価をしなければなりません。子どもたちが日常生活で書く文章とは、手紙やメールのような「相手がある文章」です。そして、それを読んで評価するのは、多くの場合、教師ではなく「受け取った人」です。

私が以前、ある研究グループで行った実験を例に挙げましょう。この実験では、まず、こちらが用意したメールに対する返事を数十人の大学生に書いてもらいました。そして、集めた返事のうち十編を選んで、別の大学生に読んでもらい、「感じがいい」と思う順に並べ替えてもらいました。さらに、その中の数名にインタビューをしました。その結果、「詳細で長いメール文」に対して、「誠実に説明をしていてよい」という人と、「長くてうっとうしい」という人に評価が分かれました。同じように、「断っているのに、それでも誘うメール文」に対しても、「情熱が伝わってきてよい」という人と、「断っているのに困ってしまう」という人に分かれました。このように、書いたものに対する評価は、実は読む人の感じ方により分かれるものです。したがって、教師が唯一無二の評価者として裁定を下していいとは限りません。

だからといって、「作文指導は無駄だ」などと極端な思い込みをしないでください。優れた教師とは定番の「受け取る人の立場で考えましょう」だけで終わらせてしまう教師ではなく、上記のことも踏まえ、授業の前に一言、「読む人にもいろいろいますからね。例えば……」と具体的に相手意識について説明できる教師なのです。

8章

# 声に出して味わう古典の授業

この章のねらい

- 小学校で古典を学ぶ目的を理解する
- 古典の授業を工夫するポイントを学ぶ

小学校では以前から、平安時代の短歌や江戸時代の俳句、「附子《ぶす》」のような狂言や「寿限無《じゅげむ》」などの落語が教科書に掲載されており、古典に親しんできました。それに加えて、平成二十三年度からは本格的に古典の指導が取り入れられ、以前は中学校で始めて出合った「枕草子」「平家物語」などを、小学校から学ぶことになりました。この章では、小学校の古典の授業はどうあるべきか、ということを中心に、声に出して味わう古典の指導について考えてみましょう。

## 本格的に古典の指導が始まりました

現行の学習指導要領は、令和二年度から小学校において全面実施になっています。古典の指導については、学習指導要領の「我が国の言語文化に関する事項」の中の「伝統的な言語文化」において次のように記載されています。

一・二年生
（ア）昔話や神話・伝承などの読み聞かせを聞くなどして、我が国の伝統的な言語文化に親しむこと。
（イ）長く親しまれている言語遊びを通して、言葉の豊かさに気付くこと。
三・四年生
（ア）易しい文語調の短歌や俳句を音読したり暗唱したりするなどして、言葉の響きでリズムに親しむこと。
（イ）長い間使われてきたことわざや慣用句、故事成語などの意味を知り、使うこと。
五・六年生
（ア）親しみやすい古文や漢文、近代以降の文語調の文章を音読するなどして、言葉の響きやリズムに親しむこと。
（イ）古典について解説した文章を読んだり作品の内容の大体を知ったりすることを通して、昔の人のものの見方や感じ方を知ること。

学習指導要領に示された各学年の目的を読むと、低学年では「昔話や神話・伝承」を「聞く」こと、中学年では「文語調の俳句・短歌」を「音読したり、暗唱したり」すること、高学年では「古文や漢文・近代以降の文語調の文章」を「音読して大体の意味を知る」こと、というキーワードが浮かび上がってきます。また、低学年では「言葉遊びを通して言葉の豊かさに気付くこと」という内容も加えられています。

つまり、小学校の古典の授業では、音読や暗唱を中心に古典に親しみ、なおかつ、日常生活においても古典の学びが生きるような指導が求められているのです。

## 声に出して読んでみよう

小学校の古典の学習では「声に出して読む活動」が中心になります。教科書にはふりがなが打ってありますが、それでも子どもたちにとって、漢詩や文語調の古典の言い回しはまるで外国語です。当然、教師の範読が学びの入り口になります。

「春暁」は五年生の十二月の教材です。これを見ていきなり「しゅんみん、あかつきをおぼえず」と読める子どもはそう多くはありません。そこで、あなたの登場です。中学校、高等学校、そして大学で学んだ古典に関するレベルの差を子どもたちに示し、「やっぱり先生はすごいや」と感じさせる読みができることが大切です。では、声を出して読んでみましょう。

| |
|---|
| 春暁　　孟浩然<br>春眠不覚暁<br>処処聞啼鳥<br>夜来風雨声<br>花落知多少 |

大丈夫、ちゃんとふりがなを打っておきましたからね。それではどうぞ。

春暁（しゅんぎょう）／孟浩然（もうこうねん）
春眠不覚暁（しゅんみんあかつきをおぼえず）／処処聞啼鳥（しょしょていちょうをきく）／夜来風雨声（やらいふううのこえ）／花落知多少（はなおつることしるたしょうぞ／はなおつることしんぬたしょうぞ）

声に出して読む場合、どのようなトーンやリズムで読むことがいいのでしょう。「春暁」という題名の漢詩なので、何だか重々しく硬い感じで読んだのではないでしょうか？

では、「春暁」の現代語を読んでみましょう。（現代語訳は教科書に載っています）

春の眠りは気持ちよく、明け方が来たのが分からないほどだった。あちらこちらで鳥が鳴くのが聞こえてくる。夕べは雨や風の音が聞こえた。どれだけの花が散ったのか分からない。

どうですか？　どこも重々しくない、それどころか、何だかのんびりとした詩であることに気付きます。ということは、音読する場合にも、ゆったりと温かい感じを表現すべきではないでしょうか。そこで今度は、柔らかい口調でもう一度、ゆっくりと音読してみましょう。

さて、柔らかく読めたところで、この詩の現代語訳をもっと今風に変えてみましょう。

春はいくらでも眠れるなあ。ああ気持ちいい。夜が明けたのも分からなかったよ。あちこちで鳥が鳴いてるなあ。それにしても、夕べは雨や風の音がすごかったぁ。せっかく咲いた花も散っちゃったかなあ。

再び、春暁の原文だけを見て音読してみましょう。きっと、最初のときとは比べものにならないほど、自信を持って、ゆったりとリズム感のある読みができるはずです。

これが音読や暗唱を中心に古典に親しむという学習活動の一例です。さらに付け加えると、孟浩然は西暦六八九年〜七四〇年に活躍した唐時代の代表的な歌人です。つまり、日本で言えば飛鳥から奈良時代の人です。今から千三百年も昔の中国の人が感じたり思ったりしたことは、現代の私たちと何ら変わらないことに驚きます。

このように、小学校の古典の学習では、音読を中心にたくさんの作品を読み、音の響きや七五調のリズムを楽しみながら、大体の内容や、昔の人のものの見方や感じ方を知ることが目的です。語句の解釈や古典文法、あるいは現代語文への翻訳などは必要ありません。要は、古典嫌いの子を育てないように楽しく授業し、より多くの作品に出合わせることが大切です。

## どのように言葉の学びにつなげるか

「声に出して読むこと」、つまり、音読は小学校における古典の学習の中心です。なんだ、小学校の古典では、音読するだけでいいのか、と思った人も多いことでしょう。それだけでもいいのですが、音読する過程において内容の大体を知ることができるように、効果的な学習活動を考え、言葉の学びにつなげるのが教師の仕事です。

例えば発表の場を設けたとします。大勢の人の前で発表させるためには、それなりの練習が必要です。その練習の過程で工夫が生まれ、言葉の学びが生きてきます。次に発表の際の見せる工夫、声の工夫の例を示します。

## 見せる工夫

- 原文や現代語訳を大きく書いたものを提示する
- 絵巻物のように提示する
- 作品の中のイメージ（枕草子であれば朝焼けの空の映像）をスライドショーで提示する
- イラスト等を使って分かりやすく解説する
- 動作化や劇化を取り入れる

## 声の工夫

- 対話化などの掛け合い形式で読む
- 多人数による群読形式を取り入れて読む
- 台詞を工夫した演劇形式で読む
- 方言を取り入れて音読する
- メロディやリズムなど、歌の要素を取り入れる

発表の場を楽しく盛り上げるために、様々な工夫を取り入れることによって、必然的に読む活動と書く活動とがリンクしたり、群読や動作化の表現活動と解釈するための理解活動とがリンクしたりします。それらの活動において、様々な言葉の力が生かされるのです。

また、活動がやりっ放しにならないように、ワークシートなどを用いて、学習計画を立てさせたり、学習過程を振り返ったりさせることも忘れてはなりません。

**!やってみよう**

三人から四人一組程度の小グループを作り、「ことわざ・故事成語」をスキットなどの劇化を取り入れて説明しましょう。

ことわざの例「弘法にも筆の誤り」「若いときの苦労は買ってでもせよ」「犬も歩けば棒に当たる」

故事成語の例「呉越同舟」「臥薪嘗胆」「蛇足」「五十歩百歩」

次のワークシートを参考に、活動過程において話し合ったことや調べたことを書き込みながら楽しく進めてください。

ことわざスキットワークシート　　　　　　　　　　　　　　氏名○○○○

発表する「ことわざ・故事成語」はこれだ

## 弘法にも筆の誤り

**意味**

弘法大師（空海）のような書の名人でも、書き損じることがある。
その道に長じた人でも時には失敗をすることがあるというたとえ。
同じ意味のことわざ「猿も木から落ちる」、「河童の川流れ」

---

**スキットのアイデア**

- 世界陸上の男子百メートル決勝の場面優勝間違いなしと思われた選手がフライングをする。
- 走りながら「コウボウニモォ　フーデノ　アヤマリィ」と叫び、決めのポーズをとる。
- 最後に「弘法にも筆の誤り」と毛筆で書いた紙を取り出し、流ちょうな日本語で意味を解説する。
- さらに、帰り際にずっこけて「サルモォ　キカラァ　オチルゥ」と言ってオチを付ける。

---

**スキットのアイデアを考えるときに話し合ったことや、ことわざの意味を調べて気付いたことなど**

- 「こうぼう」が弘法大師のことで、嵯峨天皇、橘逸勢とともに「三筆」と呼ばれるほどの書の名人と言われていたことを知った。
- 「弘法も筆の誤り」だと思ってたけれど「弘法にも筆の誤り」が正しいと知った。
- 京都の応天門の額を書いた弘法大師が、書き終えて額を門に掲げてみると、「応」の字の一番上の点を書き忘れていた。それを、見た弘法大師は、筆を投げつけて点を打ったそうだ。弘法大師が書き誤りをした話は今昔物語に書かれている。
- 「弘法筆を選ばず」ということわざもある。

## 昔話が上手な教師を目指して

低学年の児童には、神話や昔話、地域に伝わる民話などを読み聞かせることが求められます。教師の語り部《かたべ》としての能力が最大限に発揮される場面です。もともと民話などの昔話は、口承文学といって、文字としてではなく口伝えで語り継がれてきた「ものがたり」です。低学年の児童に昔話を話して聞かせるときは、本を読んで聞かせるのではなく、語りとして聞かせてやりたいものです。そこで役立つのが「ブックトーク」や「ストーリーテリング」という技能です。

ブックトークは、あるテーマに沿って何冊かの本を紹介する活動です。ストーリーテリングは、昔話などを語り手が覚えて語ることです。ブックトークも、ストーリーテリングも、図書館司書の活動として、読書の楽しさを伝えるために行われてきた方法ですが、最近では、地域の読書ボランティアや小学校の教師の中にも、本格的なブックトークやストーリーテリングを実践されている方が増えてきました。

ロウソクを一本ともした薄暗い空間で、語り手の教師が穏やかに、ゆったりと何冊もの絵本の読み聞かせをしたり、お話を聞かせたりします。低学年の児童に、神話や昔話、地域に伝わる民話などを紹介する活動には最適です。

### !やってみよう

昔話は、話の筋が明快であり、比較的短いものが多いので、ストーリーテリングの入門には最適です。次の昔話の中から、どれか一つを選んで、ストーリーテリングに挑戦してみましょう。

・桃太郎　　　　・さるかに合戦
・舌切り雀　　　・かちかち山
・花咲じいさん　・わらしべ長者

## 俳句や短歌の創作活動だけでなく鑑賞活動を大切に

古典の指導で以前から行われてきた俳句の創作を例に取りましょう。まず、発想の手がかりとなる「季語」集めから行います。例えば、「五月を表す言葉を考えましょう」と投げかけ、「あおぞら・若葉の緑・母の日・こどもの日・こいのぼり・竹の秋・あおりいか」などの言葉を子どもが付せんに書いてどんどん黒板に貼っていきます。教師はその中からいくつかを選んでテーマの語に決定します。それらのテーマを使って俳句を作るのです。

俳句を作る時間は短いほどいいでしょう。長い時間になると緊張感を欠きます（高学年であれば十分程度）。また、「きれい・かわいい」などの気持ちを表す言葉を使わないことや、季語の重複使用など、無駄な表現はしないといったルールも決めておきます。

## 鑑賞活動が言葉の学びを豊かにする

子どもたちが創作した俳句の中から、優秀句を互選で選びます。このとき、誰が作った句なのか分からないように、自分の句や作者の名前は明かさないことを約束させます。

優秀句を音読し、五七五のリズムを楽しみます。音読することによって、言葉の音としての魅力に気付くのです。音読が終わったら、高得点の句から順に選句の理由を述べます。良い点・こうしたらもっと良くなる点など、その句を選んだ理由を意見として述べ合うのです。

批評が終わった段階で初めて作者名を名乗ります。そして、最優秀句の作者は選ばれた感想をスピーチします。もちろん、最優秀句は教室や児童玄関に貼り出し称揚します。

創作活動だけでなく、鑑賞活動も行うことによって、作品を批評する力がつきます。それは、俳句を作る際の対象を観る目や感じる心の育成にもつながります。創作活動や鑑賞活動を、年間を通して実践し、言葉や感性を磨き合える子どもに育てていくことのできる教師になりたいものです。

# 『声に出して読みたい日本語』

新しい学習指導要領で、伝統的な言語文化が重視されるようになったのは、二〇〇六年十二月二十二日に公布・施行された改正教育基本法において、伝統と文化に関する教育が重視されたことを踏まえています。その結果、今まで中学校からだった古典の教育を、小学校から段階的、継続的に進めていくことになったのです。

しかし、こうした古典学習の広がりは、法律や学習指導要領だけで決まったわけではありません。二〇〇一年九月に齋藤孝氏による『声に出して読みたい日本語』（草思社）（以下、本書とする）がベストセラーとなり、古典の暗誦が一大ブームとなったのです。本書では、『枕草子』の「春はあけぼの。やうやうしろくなり行く」や、『平家物語』の「祇園精舎の鐘の声、諸行無常の響あり」といった定番の名作古典を取り上げただけではなく、より時代の新しい宮沢賢治の『風の又三郎』の「どっどど　どどうど　どどうど　どどう」や、作品ですらない「はっきよい、残った残った」という行司のかけ声も収録しています。本文は大きな活字で、全編にふりがなが振ってあり、まさに「声を出す」ことを誘うしかけになっています。また、各文には作品が書かれた背景、声に出すときのポイントなどを丁寧に書いた解説も付いています。このような工夫が功を奏して、本書はベストセラーになったわけです。「声に出して読む」ということは、まさに新学習指導要領における古典の扱い方のポイントとなりますので、本書（シリーズも多く出ています）を手に取って、知識を仕入れておくのもいいでしょう。

ただ、本書を批判的にも検討してみたいと思います。

本書の「おわりに」で齋藤氏は「朗誦することによって、その文章やセリフを作った人の身体のテンポやリズムを、私たちは自分の身体で味わうことができる」と述べており、これこそ新学習指導要領で期待されている、声に出して読む活動の意義と言えるでしょう。

一方で齋藤氏は、「おわりに」の別の部分で、「幼い頃に、意味のわからない文章を覚えさせるのは拷問とも言える強制だという考え方がある。私はこうした考えに与しない。できるだけ早い時期に最高級のものに出会う必要があるとむしろ考える。意味がわかるのはあとからでもよい」とも述べています。もちろん、細かな解釈ばかりではつまらなくなるという齋藤氏の主張は分かりますが、国語科として「意味が分からないものを声に出して読むこと」を奨励していいのかは疑問です。全く意味の分からない外国語は、言葉ではなく単なる音にしか聞こえないように、いくらリズムを味わっても、全く意味が分からないままに古典を暗誦することは記憶に残りにくいと考えられるからです。やはり、意味も軽視せずに、考えさせるしかけを作っていく必要があるでしょう。

# 9章

# 討論や発表を楽しむ授業

この章のねらい

- プレゼンテーションやディベートで身に付ける力を理解し、指導過程を知る
- 話し方のトレーニングをする

この十年ほどの間にプレゼンテーションやディベートなど、あるテーマについて調べた内容を口頭発表する形式の授業が小学校でも増えてきました。中でもプレゼンテーションについては、国語科以外の教科でも多く行われています。小学生の時から人を説得する力や討論する力を身に付けるために、教科書にも様々な形の教材が用意されています。

この章では、プレゼンテーションやディベートのような言語活動をどのように指導すればいいのか考えてみましょう。

## プレゼンテーションやディベートでどんな力が身に付くのか

小学校では、国語科以外の教科でもプレゼンテーションを行うことが多々あります。例えば、低学年の生活科では学校探検で調べたことを模造紙に書いて発表したり、中学年や高学年の社会科では、社会科見学に行って調べたことなどを、パソコンのプレゼンテーションソフトを使って発表したりもします。何かのテーマについて調べたことを、発表用資料にまとめ、そ

れを口頭発表する、という学習の流れはすっかり定着しています。

ディベートは、プレゼンテーションほど一般的に実践されてはいませんが、それでも討論会をすることは国語科の教科書教材にも掲載されており、主に高学年で学習します。ディベートは、あるテーマについて賛成派と反対派に分かれて議論する活動です。相手や審判をしている人たちを納得させるためには、根拠に基づいた説得力のある意見発表が求められます。

プレゼンテーションもディベートも、聞き手に分かりやすく筋道を立てて発表する必要があるため、論理的な考え方やまとめ方が必要です。また、説得力を高めるためには、様々な資料や情報を基に意見を組み立てなければならず、情報を調べて再構成する力も必要です。さらに、自分たちの考えを相手に分かりやすく伝えるための話し方も必要です。つまり、論理的な「思考力」、情報収集と取捨選択の「判断力」、分かりやすく発表する「表現力」という三つの力が身に付いていくのです。

## まずは自己紹介から

「さあ、今から自己紹介をしてもらいましょう」と言われたら、皆さんはどういう内容を考えるでしょう。「名前・出身校・趣味」などがとっさに思い付く内容でしょう。小学生に入学したばかりの新一年生もだいたい同じ内容をスピーチします。「私は、〇〇〇〇です。〇〇から通っています。好きなものはお好み焼きです。よろしくお願いします」という、ごく簡単なスピーチです。幼稚園や保育園の時から、すでに自己紹介のスピーチに慣れているのでしょう。

一年生の担任の先生がさほど指導せずとも、きちんと人前で挨拶ができる子どもが増えています。

## やってみよう

では、皆さんも自己紹介のスピーチをしてみましょう。ただし、小学校一年生の内容に一工夫加えてください。例えば、「自分にとって大切なもの」を紹介し（ペンダントなど手元にあるものを実際に見せながらがベター）、それにまつわるエピソードを加えてスピーチをしてみましょう。

## 自己紹介スピーチを終えて

さて、「自分にとって大切なもの」の紹介はうまくいきましたか？　具体物を見せながらスピーチする形式を「ショウ&テル」と言います。お気に入りのものをみんなに見てもらいながらスピーチすると、面白さが格段に変わってきますね。何かを説明するときに具体物が効果的であるということです。

それから、自己紹介のスピーチではどんな話し方をしましたか？　内容も大切ですが、実は話し方も重要なのです。相手の顔を見て笑顔で話すことができたでしょうか？　聞き取りやすい声の大きさや理解しやすいスピードで話すことはどうでしょう。

「ショウ&テル」のスピーチと同様にプレゼンテーションも、聞き手の理解を助ける具体物を示しながら、聞き手が理解しやすい話し方によって自分の意見を述べる学習です。次に、プレゼンテーション学習活動とディベート学習活動の例を示します。

## プレゼンテーション学習活動

あるテーマについて、調べた内容を口頭で発表する表現活動のことをプレゼンテーションと言います。この形式を教育の場で用い、取材力・論理的思考力・表現力などを高めようとするのが「プレゼンテーション学習活動」です。

例えば、「津波防災マップづくり」という学習活動では、自分たちの住んでいる地域に、もし津波が襲ってきたときどう避難するかを考えて地図を作成します。そのために、津波の被害予想範囲を資料で調べたり、避難場所へのルート上に危険箇所がないかどうかを実際に歩いて調査し、デジカメで撮影したりもします。また、地域の防災組織の方々にも協力してもらい、避難計画についてインタビューをしたり、一緒に避難ルートを歩いて危険箇所について教えてもらったりします。そうやって調べた内容を、白地図に書き込んでいきますが、記号や文字をどのように使うか、色づかいはどうするか、凡例をどのようにするかなど、様々な表現の工夫をしながら防災マップを作成します。

防災マップが完成したら、発表集会などで発表するための読み原稿を書き、その原稿をもとに発表練習をします。本番の発表会では、保護者や地域の防災クラブの方々を招いて、学習の成果を堂々と発表します。

## プレゼンテーション学習活動の実際

小学生のプレゼンテーション学習活動は学年やテーマによって様々な方法があります。ここでは一般的な活動の手順を紹介します。

①テーマ設定（何について発表するか）

②テーマについての考察（テーマの中で特に興味のある事柄は何か）

③リサーチ（テーマに関する資料を調べる）
④再構築（リサーチした内容を吟味して、発表に必要なものとそうでないものに分類選択する）
⑤資料づくり（聞き手の理解を助けるために、目で見て分かる資料を作る）
⑥発表原稿づくり（資料に基づいて発表するための読み原稿づくり）
⑦発表練習（話し方・資料の示し方・簡単なスキットなどの練習）
⑧パフォーマンス（本番）

## ディベート学習活動

あるテーマについて、賛成派と反対派に分かれて討議する形式の話し合い活動のことをディベートと言います。

例えば、「幽霊は実在するか？」「ペットを飼うなら犬か猫か？」など、特にリサーチをしなくても簡単に討論できるテーマもあれば、「自動販売機を廃止すべし」のように、自動販売機に関する様々な事柄についてリサーチが必要なテーマもあります。「原発を廃止すべし」などのようなテーマになると、国会で討論するほど大きな社会問題ですから、広範囲かつ専門的なリサーチが必要になってきます。

この形式を教育の場に持ち込んで、児童の問題解決能力・情報処理能力・論理的思考力・討論する力を高めようとするものが「ディベート学習活動」です。

## ディベート学習活動の実際

小学生のディベート学習活動はどのようなものなのかを紹介しましょう。

ディベート学習活動「自動販売機を廃止すべし」の実践例（全五次　二十五時間扱い）

・第一次　個の考えを表出し伝え合う過程

まず、個人個人が自動販売機を廃止した場合のメリットとデメリットを考えます。この時点では、ディベートのグループ分けは行わず、全員が論題に関する考えを共有し合うことがポイントです。

（1）イメージマップを使った伝え合い

児童は「イメージマップ」に自分の考えを書き出します。当初は「自動販売機がなかったら困るなあ」程度の発言しかできなかった児童が、ディベートマッチに至るまでの過程において、「電力使用量」や「缶ジュースの販売方法」などの諸問題に気が付いていきます。児童は様々な資料を読み込んでいくうちに「これは簡単な問題じゃないぞ」と感じ取り、自ら進んで情報を調べ、整理分類し、根拠に基づいた自分なりの考えをまとめていくのです。

・第二次　自動販売機に関する情報を収集し、それらを伝え合う過程

教師はイメージマップの書き込みを評価し、グループ分けを行います。

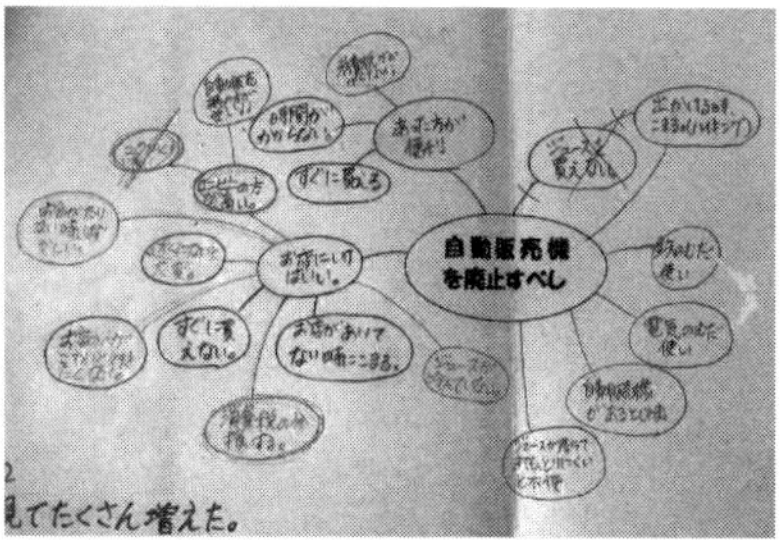

様々な考えを書き込んだイメージマップ

ここからは自動販売機を廃止することに賛成する立場をとる者と、廃止することに反対の立場をとる者とに分かれて学習を進めます。

（1）「調べ学習計画書」を書いて伝え合う

調べ学習は時間がかかるものです。そこで、「調べ学習計画書」を書き、何を、どうすれば調べられるのかを確認しておきます。常に課題意識を持ちながら調べ学習を行うことができますし、時間の節約にもなります。教師は学習者が何を調べようとしているのかを把握し適宜アドバイスをします。

「自動販売機を廃止すべし」
調べ学習計画書

●何について調べるのか
・日本にはどれだけの工場があるか（自販機に関係する工場）
・どれだけの工場や人が困るか
・年間どれだけの売り上げがあるか（自販機）
・どのようなことが分かればいいのか
・工場の数を調べて、どれだけの工場が困るか
・どれだけの人が困るか
・どれだけの売り上げがなくなるか

●調べる方法
・インターネット
・インタビュー
・本

●アドバイス
検索サイトに行って「自動販売機」と入力してごらん。たくさん出てくるよ。とりあえず一番大きそうな会社を探してみよう。
（先生より）

・第三次　情報を「分類・吟味・選択・関連」させ論理を構築する過程

集めた情報を吟味・選択しながら、自分たちの主張に効果的な具体例を関連付け、根拠をしっかりと整えていきます。ディベート学習活動の中でも最も大切な学習ですから手順を詳しく説明しておきましょう。

（1）集めた情報の吟味・整理をする……「調べカード」の伝え合い

自動販売機に関する情報を、自分たちの主張に照らし合わせて吟味し、追究課題にとって意

味のあるものを分類整理します。一人一人の学習者が蓄積した情報をメンバー全員が読み合い、どの情報のどの部分が必要なのか、必要でないのか、自由に話し合いながら分類します。

（2）情報を選択し関連付ける……「ディベート立論マップ」

整理された情報を基にディベート立論マップを書きます。このディベート立論マップは、具体的なデータと自分たちの主張とを関連付け、論理の大筋を確認するために作成するものです。このマップを基本にして、相手に納得させるための根拠をしっかりと整えた立論原稿を書くのです。

立論原稿がある程度できた段階からは、立論原稿を修正し仕上げていくチームと発表資料を作成するチームに分かれ、平行して活動を進めます。つまり、賛成派のグループの中にディベート立論原稿作成班とプレゼンテーション資料作成班があり、反対派のグループの中にも原稿班と資料班があるといった具合です。

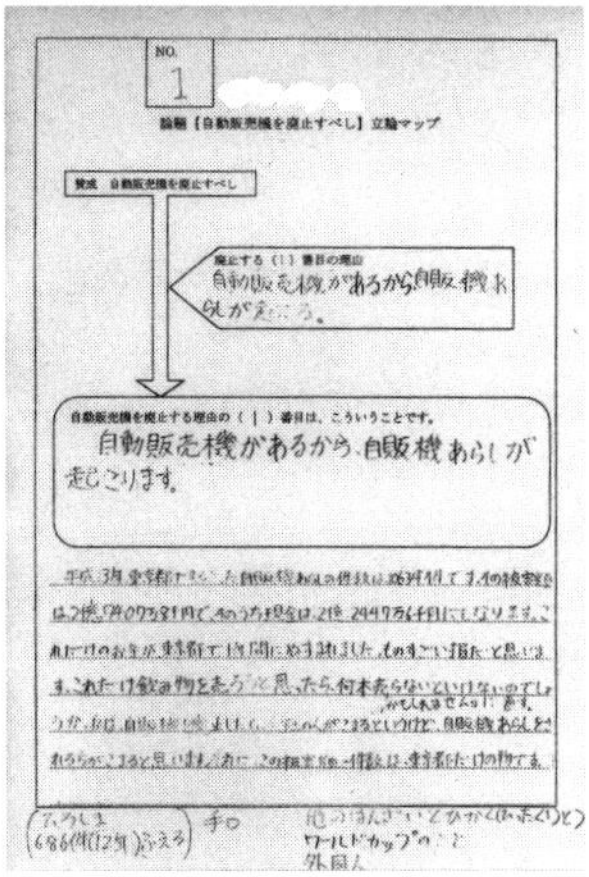

ディベート立論マップ

・第四次　ディベートマッチを行う過程

ディベートマッチは、調べ学習の学習成果を、相対する意見を持つ「相手ディベートグループ」と伝え合い、自分たちとは別の視点や考え方を知る活動として位置付けます。つまり、ディベートマッチは相対する意見を伝え合って、自分たちの意見との違いを見つけたり、相手の意見の根拠を確かめたりしながら楽しむ場なのです。

ディベートマッチの流れは資料に示す通り、全四十分の学習活動です。ディベートマッチでは、否定側・肯定側からディベーター数名が選出され直接討論活動をしますが、ディベーターにならなかった児童は審判員として参加します。ディベートマッチの時間配分や方法は、それぞれの学級の特性にあった形に工夫する必要があります。

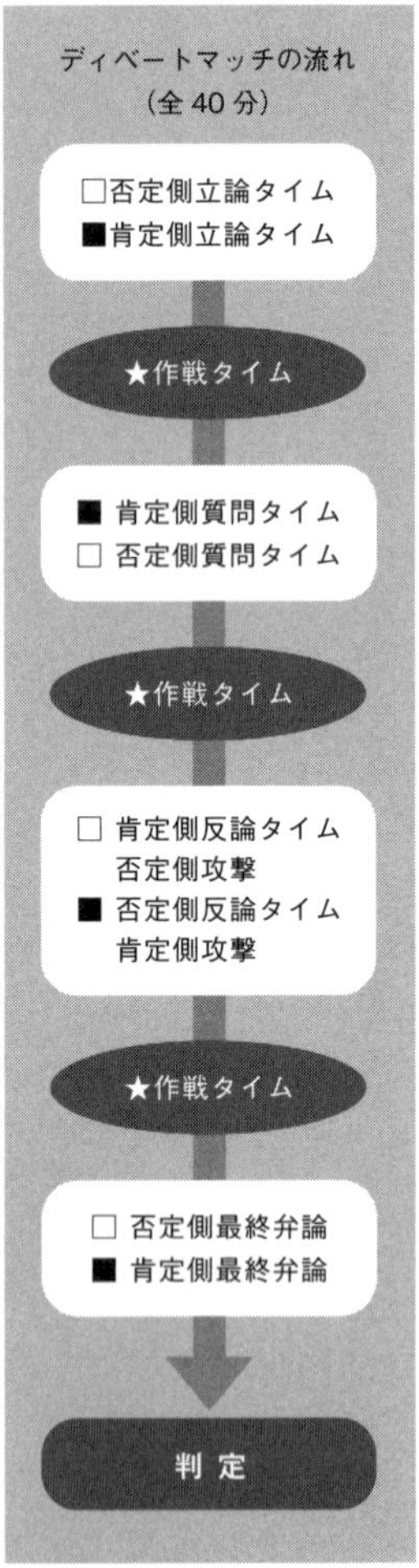


**自動販売機を廃止することに肯定側の立論**

飲み物自動販売機は道路においてある冷蔵庫である。夏の炎天下、いつ来るかも分からないお客さんのために、自動販売機はジュースを二十四時間冷やし続けている。

日本中の自動販売機が使っている電力量は、年間七十八億キロワットにもおよぶ。これは、原子力発電所の原子炉一基が一年間に発電する電力とほぼ同じである。

ちなみに、日本の発電量の八十パーセントは火力発電である。その原料である原油のほとんどは輸入に頼っている。

だからこそ、日本は今すぐにでも自動販売機を廃止して電気と資源の節約をすべきだ。

**自動販売機を廃止することに否定側の立論**

自動販売機を廃止すれば、自動販売機の製造会社、缶ジュースの製造会社、そして、消費者の三者が困る。

例えば、ある自動販売機製造会社は、売り上げの約半分が飲料用自動販売機である。廃止すれば、その会社はたちまち経営が苦しくなるだろう。

また、缶ジュースの自動販売機での売り上げは、年間三兆円である。そんなに売り上げの多い販売方法をなくしてしまうと缶ジュースの製造会社はとても困る。

それだけではなく、缶ジュースを買う私たち、つまり、消費者全体が困る。

だから、自動販売機を廃止してはならない。

## やってみよう

前ページの立論原稿を読み、どちらの意見に賛成しましたか？　では実際に二人のペアになってミニディベートをしてみましょう。（所要時間十分）

①前ページの立論原稿を読み、肯定側の意見に賛成した人は、否定側になって主張してください。同様に、否定側の意見に賛成した人は肯定側になって主張してください。

②お互いの主張に質問や反論をしてみましょう。

③ミニディベートが終わったら、お互いに感想を述べ合い、互いの健闘をたたえ合いましょう。

## ディベートマッチよりも、過程にこそ意味がある

ある研究会で、ディベートの最中にケンカになってしまった光景を見たことがあります。子どもたちは真剣に学習していたのでしょう。真剣になっていたからこそ、負けたくない一心で熱くなりすぎてしまい、冷静に話し合うことができなくなったようです。残念なことですが、ディベートの実践では、こういった失敗例が多いのも事実です。先ほど「やってみよう」で行っていただいたミニディベートでは、自分の考えと反対側の立場になって主張してもらいました。にもかかわらず結構熱くなったのではないでしょうか？

ディベート学習活動では、ディベートマッチにいたる過程こそが最も大切であり、学習の意味があります。ディベートマッチはエキサイティングな活動ですが、学習活動全体における意味はほんの一割か二割程度です。ですから勝ち負けにこだわることのないように指導したいものです。

年間を通して、簡単なディベートや本格的なディベートを何度も行わせていくうちに、「勝ちもあれば負けもある」ことに気が付いていき、「その過程を楽しむ」のがディベート学習活動であることを子どもたちは理解していきます。過程を楽しむことを覚えたクラスでは、「勝ち負け」だけにこだわる子どもはいません。ディベートやプレゼンテーションを積極的に授業に取り入れて、討論や発表を楽しむクラスづくりをしたいものです。

memo

## 日常生活における話し合い活動

プレゼンテーションやディベートといった発表や討論を行う学習活動が盛んになってきたのは、現実社会において、相手を説得する力や、討論を行う力が必要であると認識されるようになったからです。特に社会人として働く場合、こうした力はコミュニケーション力とも呼ばれ、特に公的な場面において不可欠なものでしょう。社会人の第一関門とも言える就職活動における面接で、まずはこうした力を評価されることとなります。面接はまさに公的な場面であると言え、各大学でも面接対策はキャリア指導として熱心に行っています。

ところが、小学校や大学に比べると中高では、こうした学習活動がそれほど盛んではありません。企業が求めている能力が公的場面でのコミュニケーション力であるとすれば、連続性という点においてもう少し検討が必要であると言えます。

さて、一方で、私たちは日常生活のような私的な場面で発表や討論を行う機会はどのくらいあるのでしょうか。例えば、スピーチは学習活動としてよく取り上げられますが、日常生活でスピーチをすることといえば、せいぜい友人の結婚披露宴ぐらいで、そんなに頻繁にあるとは思えません。同じく日常生活において相手を説得しようとプレゼンテーションを始めたり、討論によって相手を打ち負かしたりすることもなくはないでしょうが、一般的であるとは言い難いところです。つまり、プレゼンテーションやディベートも含めたこれらの学習活動は、全て公的な場面での話し合い活動なのです。日常生活のような私的な場面での話し合い活動とは性質が異なります。

それでは、日常生活における話し合い活動は国語科では扱われていないのでしょうか。近年になって、私的な場面での話し合い活動も教科書に取り入れられるようになってきました。特にコミュニケーションの観点から、「相手の立場になって考える」ということの意味を考えさせる教材も増えています。しかし、非常に盛んな公的な場面での話し合い活動に比べると、決してその数は多いとは言えません。

日常生活における話し合い活動を、学習活動として展開していくための一つの方法がロールプレイです。ロールプレイとは、身近なテーマについて子どもたちに「演じる」体験をさせることで、自分の言語活動を見つめ直す機会を持たせることを狙っています。日常でも起こりそうな場面で、かつ自然には遭遇しにくい場面を「演じる」ことで、子どもたちの言語活動の体験を補充し、さらにその言語活動を教師や友達、そして自分自身のふり返りにより「評価」することで、日常の体験では得られない学びが生まれます。このロールプレイを、小学生向けの具体的なワークとして出版しています。ぜひ、日常生活における話し合い活動について考えるきっかけにしてみてください。

『ロールプレイでコミュニケーションの達人を育てる　小学生のための会話練習ワーク』
（森篤嗣・牛頭哲宏、二〇一〇、ココ出版）

10章

# 漢字指導は国語科指導のいろはのい

この章のねらい

● 漢字の指導法（筆順・部首・とめ・はねなど）を理解する
● 美しい字を書かせるための工夫について考える

小学校六年間で学ぶことになっている漢字は一〇二六文字です。これは、文部科学省が各学年で学習すべき「配当漢字」として定め、読むことはその学年で、書くことは次の学年までに学ぶことになっています。

一〇二六文字も覚えさせることは一見大変そうに思えますが、そんなことはありません。例えば、一年間の授業日数を約二〇〇日とすると六年間で一二〇〇日です。一日一文字しか指導しなくても、六年間で全て教えることのできる文字数なのです。

漢字は覚えさえすれば読んだり書いたりすることができます。子どもが漢字を読み書きできるようになるためには、学習方法や活用のさせ方に工夫を重ねる教師の指導技術が必要です。

この章では、漢字の指導方法や活用のさせ方について考えてみましょう。

配当漢字の数

| | |
|---|---|
| 一年生 | 八〇字 |
| 二年生 | 一六〇字 |
| 三年生 | 二〇〇字 |
| 四年生 | 二〇二字 |
| 五年生 | 一九三字 |
| 六年生 | 一九一字 |
| 計 | 一〇二六字 |

## 繰り返し書かせることの苦痛

「今日の宿題は、新しく習った漢字を十回書いてくることです」
「あらら間違えましたね。間違った漢字を二十回書きなさい」

読者の皆さんの中にも、小学校の時にこのような指導をされた方もいるのではないでしょうか。繰り返し何度も書かせる反復練習は、覚えさせる効果はありますが、子どもにとっては苦痛以外の何者でもありません。苦痛から逃れるために子どもがよくやるのは、例えば、まずマスの左側にノノ・ノノとカタカナのノを二個続けてマシンガンのように書き、次にノノの下に一をくっつけると、今度は右側に一一一……と書き、最後に丁丁丁……と書いて「行」という漢字を完成させるやり方です。これでは、漢字を書いているのではなく記号を書いていると言ってもいいでしょう。このような書き方をさせてしまう漢字指導しかできない教室では、その他の国語科指導は推して知るべしでしょう。

## 記号ではなく文字を書き、覚えるということ

漢字を書くということは、漢字を速く書くための鉛筆の動かし方を学ぶことではありません。読み方、意味、字の形、活用を覚えることが漢字の学習です。例えば、先ほどの「行」ならば、簡単な漢字ですから十回も書かずに覚えてしまうでしょう。しかし、ただ回数を書くという方法では、覚えることはできても、「行」が「ぎょうがまえ・ゆきがまえ」と呼ばれる部首であり、元々は十字路を指す言葉であるということなど知りようがありません。また、二年生で初めて出てくる「行」は、四年生で習う「街」、五年生で習う「術」や「衛」の基になる漢字であることも気が付かないままで終わってしまい、「ぎょうにんべんかなぁ?」などと、

いい加減な知識になって定着してしまうおそれもあります。漢字は記号ではありません。文字としてきちんと指導してほしいものです。

## ドリルの活用から指導法を学ぶ

小学校で用いられる漢字ドリルには「あかねこ漢字スキル」（光村図書）や「漢字まるノート」（文溪堂）等があります。どちらにも共通しているのが「丁寧に書くこと」、「正しい筆順で書くこと」、「部首を確認すること」、「とめ・はね・はらいに気を付けて書くこと」、「長い・短いを間違えないこと」の指導です。書くための練習回数はせいぜい五回程度です。新学期になって、初めて漢字の宿題を出す際には、これらの指導法を丁寧に押さえてから、ドリル一ページ程度の宿題を出す教師が多いようです。

漢字ドリルを提出させると、中には間違った漢字を書いていたり、乱雑になっていたりする児童もいます。そのようなとき、教師としては丁寧に間違いを訂正した方がいいのでしょうか？　それとも、〇を付けずに空白にしておくのがいいのでしょうか？　あるいは、〇を付けない代わりに「?」や「●」等の記号を付けておくのがよいのでしょうか？　もちろん一人一人の子どもに応じて指導すればいいので、どの指導法も正解になります。大切なことは、間違いを確実に見つけてやることと、それを子どもに気付かせる手だてを持つこと、そして間違いを直したかを確認することです。

## 丁寧に書くこと

何回も書きなさいという指導方法だけでは、子どもは決して丁寧には書こうとしません。では、どうやれば丁寧に書かせることができるのでしょうか。一つの方法として、「お手本」を写すというやり方があります。教師の書いた文字でもいいし、教科書体で印刷されたプリントのお手本を写すのでもかまいません。お手本を上からなぞってもいいし、お手本を見ながらマス目にきちんと納めるように書く練習をしてもいいでしょう。とにかく、お手本を写すことが大切です。ここで大切なことは、教師がお手本を書く場合、「４Ｂ」や「６Ｂ」の鉛筆を使って意図的に太い文字で書くことです。プリントを作るときには、フォントは明朝体やゴシック体ではなく教科書体を使います。

例えば口と田を比較してみましょう。

口田（ゴシック体）　口田（教科書体）

ゴシック体と教科書体とでは左下と右下のはみ出ている部分のはみ出し方が違います。田は両方のフォントとも下に少しはみ出ますが、教科書体の口は右下が右側にはみ出ます。細かくてどうでもいいことのように思うかも知れませんが、小学校の漢字の学習では、こういったことが大切なのです。書写のところでもう少し詳しく述べますが、漢字を丁寧に書くということは、このようなことに気付かせるということを意味します。田も口も小学校一年生の配当漢字ですが、はみ出し方等を含めて丁寧に書くことについて、この時期に指導しなければ一生学ぶことはないでしょう。

教師が配当漢字についてきちんと理解し、丁寧にお手本を作り、子どもに学習させることが大切です。

## 正しい筆順で書くこと

小学校一年生で学習する「右と左」の筆順を「そらがき」してみましょう。「そらがき」とは、大きな動作で、空中に漢字を書くことです。一画ずつ一・二・三と声を出して書きます。「右」と「左」は正しく書けたでしょうか？　では、四年生で学習する「飛」という字はどうでしょう。最後に六年生で学習する「座」という字はどうでしょうか。筆順はそらがきをしながら学習すると面白いものです。間違って覚えている漢字など、そらがきをしている途中に、友達と手の動かし方が違うことに気付くことができます。

小学校では「上から下へ」と「左から右へ」といった筆順の原則を教えておくことは大切ですが、厳密に筆順にこだわる指導はさけたいものです。そもそも、筆順にはこう書かなければならないというものはなく、漢字を美しく書く際の効率的な筆の動かし方として発達したものだからです。教科書に書いてある正しい筆順は、右利きの人にとっては都合のいい書き方です。その筆順で書くことによって整った文字が書けるということを実感させることが大切です。

**！やってみよう**

各学年の配当漢字の中から筆順を間違えてしまいそうな漢字を選んで、「そらがき」を指導する先生の体験をしてみましょう。

教壇に立ち、机に座る児童役の皆さんと向き合って「そらがき」をしてみてください。そらがきをした後でどんな工夫をしなければならないか、感想を述べ合ってみましょう。

例　一年生の「耳」、二年生の「歌」、三年生の「医」、四年生の「臣」、五年生の「比」、六年生の「秘」や、部首の「はつがしら」「りっしんべん」など。

## 部首を確認すること

漢数字の一・二・三・四・五・六・七・八・九・十の部首はそれぞれ何でしょうか？　一はもちろん一の部。では、二は一の部でしょうか、それとも二の部というのがあるのでしょうか？　同様に十まで考えてみましょう。

小学校教育では基礎・基本をきっちり教えることが求められます。子どもに質問されたときに「五はえっと、一の部だっけ？　二の部かも、ひょっとしたら五の部かも知れないね。調べておきなさい」と、その場をしのぐことはできたとしても、同じような質問が出たときに毎回「調べておきなさい」では困ります。小学校の配当漢字がどの部首であるか、教師として知識を持っておくことは必要です。また、その日に教える漢字については漢和辞典や電子辞書などを使って事前に確認しておくことも大切です。

**やってみよう**

小学校で学ぶ「木の部」の漢字を全て書いてみましょう。

## とめ・はね・はらいに気を付けて書くこと

丁寧に書くことと深く関係しているのが、「とめ・はね・はらい」です。例えば、小学校二年生で学習する「遠」と「園」は同じように見えますが、最後の一画が園では「はらい」、遠では「とめ」になっています。どうしてそのようになっているかということについては諸説ありますが、「整った字形になるように」というのが一般的です。教科書には、このような漢字のとめやはらいについて、教科書体というフォントで印刷されて区別していますが、世間一般で広く読まれている新聞用などの明朝体フォントでは区別がありません。

とめ、はらい、はねについては筆順と同様にあまり神経質になる必要はありませんが、いい加減でいいということではありません。配当漢字についての正しい知識を持ち、子どもの字が雑になっていたり、間違っていたりしたときに、きちんと指導して直してあげることが大切です。何事も丁寧に、というのが小学校の学習の基本ですから。

## 長い・短いを間違えないこと

「末」と「末」はよく間違える漢字です。未来・未知・未然などは、下が長い方の「未」。期末・後始末・末っ子などは上が長い方の「末」。小学校四年生で学習するこれらの漢字はよく似ているだけに覚え方にも工夫が必要です。また、「用と角」「土と士」の違いや「読や売」など、二年生から気を付けなければならない漢字が急に増えます。長い、短いを間違えてしまうと、別の漢字になってしまいますから要注意です。とめやはらいよりも、もう少し丁寧に指導しておかなければなりません。配当漢字表からよく似た漢字を探し出して区別しておきましょう。

## 文章で覚えさせる

漢字を覚えることはできても、送りがなや活用方法を覚えさせるためには、もう一つ別の手を考えなければなりません。

例えば、「味」という字を覚えたら、次に「くり返し書く苦しみを味わわせる」といった文章を何回か書かせます。漢字の活用方法や間違えやすい送りがなを一緒に覚えさせる方法です。インパクトのある面白い文章を考えて子どもに書かせると、楽しそうに書きながら「へえ、味あわせるじゃなくて味わわせるなんだぁ」のように送りがなにも気付いてくれます。

また、「座」のように筆順を間違えてしまいやすい漢字の場合には、「座るの八画目はたてぼうだ」のような文章を練習させます。子どもたちは書きながら、「へえ？　人人土じゃないんだな」「ホントだ、縦棒が土より長いよ」等と、いろいろと気付くことができます。

**やってみよう**

一年生の配当漢字八十文字を使って、一年生用の例文を考えてみましょう。

一右雨円王音下火花貝学気九休玉金空月犬見五口校左三山子四糸字耳七車手十出女小上森人水正生青夕石赤千川先早草足村大男竹中虫町天田土二日入年白八百文木本名目立力林六

例文「右はノ一に口で、左は一ノにエだ」「女はくノ一、男は田力」

## 美しい文字を書かせるために

級長や学級委員のようにクラスのリーダを決めるとき、推薦理由に必ず出てくるのが、「〇〇ちゃんはきれいな字を書くし……」という言葉です。子どもの世界では「美しい文字を書くこと」はステイタスです。幼少の頃から「字は体を表す」という意識が働いているのでしょうか。

日頃さほどきれいな字を書かない子が、丁寧に整った字を書いてきたときに、教師が「きれいな字を書けるようになったね」とほめて、赤ペンで三重丸でも付けようものならもう大変です。周りの子も、一生懸命丁寧に書いて三重丸をもらおうとしはじめます。ただの三重丸が魔法のようにありがたがられます。

美しい文字を書くためには、鉛筆の持ち方・鉛筆の押さえ方（筆圧）・鉛筆の動かし方（運筆）がそろっていなければなりません。ここ数年来、小学校に入ってくるまでに家庭で一生懸命ひらがなの練習をさせて、一通り書けるようになってから入学してくる子が多いのですが、残念ながら大半の子が、鉛筆の持ち方に癖があったり、間違っていたりします。それらの子どもの多くは箸の持ち方にも癖があります。

美しく整った字を書く子も多いのですが、それらの子は箸の持ち方も正しいことが多く、さらに、絵を描くのも上手です。このような子に保育園や幼稚園の頃のことを聞いてみると「ポケモンのキャラを写してた」とか「塗り絵が得意だった」という子が多いのです。これはとても理にかなったことだと思います。鉛筆の持ち方は箸の持ち方と似ていますし、鉛筆の押さえ方や動かし方は、細かい絵を描いたり、はみ出さずに塗り絵をしたりすることによって、知らず知らずのうちにトレーニングされていたのでしょう。低学年のうちに箸の持ち方やキャラクターの写し書き、はみ出さずに描く塗り絵などを練習させながら、美しく整った文字を書くトレーニングをさせてみてはどうでしょう。美しく整った文字を書くことについては書写の章で詳しく述べることにしましょう。

## 漢字指導は国語科教育の「いろはのい」

最後に、漢字指導について、ある現場教師の言葉を紹介し、この章を終わることにします。

「漢字指導は国語科教育の「いろはのい」である。これができずして他の何をどうしようとしても駄目である」。この言葉は埼玉県の中学校教諭である長谷川博之先生の言葉です。長谷川先生はこの言葉に続けて次のように述べています。「漢字テストで学級全員が百点満点を取ることが出来ているか。十問テストでよい。一人の例外もなく、満点を取らせることが出来ているか。一番苦手な子に百点を取られるために様々工夫する。それが教師の仕事である」。私は長谷川先生とは面識がありませんが、先生がお書きになった論文にこの言葉を見つけたとき、私の指導法と相通じるものがあり、大変感銘を受けました。

現場の教師はこうでなくてはなりません。

## 語学は忘却との闘い

大人に「国語科の授業で何を勉強しましたか？」と聞くと、結局のところ「何を習ったのか分からない」と言われることも多いです。確かに他教科に比べると系統性が弱いという点は国語科の短所です。もちろん、逆に言えば積み上げではないため、以前に学習したことが次の学習の前提になるというわけではなく、脱落しにくいという長所でもあるのですが。

そんな中で「あ、でも漢字の勉強をしたのは覚えている」という人も多いでしょう。しかし、覚えているのは「漢字の勉強はとっても役に立った」というような肯定的な記憶として残っているというよりも、残念ながら「意味なくいっぱい書かされて苦痛だった」という苦い思い出として残っていることがほとんどです。力業の漢字指導は罪深く、印象的です。

しかし、その一方で力業には全く意味がないと決めつけることもできません。というのは、現行の国語科の内容のうち、漢字指導というのは、いわゆる語学（外国語などを勉強すること）に最も近いと言えるからです。「英語を勉強するには海外に行かないと」という先入観は根強くありますが、海外に行けば英語が自動的にできるようになるわけではありません。語学習得には単語や文法を覚える力業が不可欠です。日本語を勉強する外国人も力業で漢字を勉強するのです。

そう考えると、漢字も含めた語学の習得は、人間の脳の特質である「忘却」との闘いです。心理学者のエビングハウスは無意味な音節を記憶させ、時間が経った後のその再生率を調べました。その結果は二十四時間後には、七十四パーセントを忘れるというものでした。もし、漢字を無意味な記号として記憶したら、昨日十個教えた漢字のうち、次の日には二個か三個しか残っていないことが理論的にも妥当ということになってしまいます。そんなことでは、漢字テストでクラス全員に百点満点を取らせるなどということは絶望的であるということになります。

したがって、必要な対策は、「漢字学習を無意味な音節などと同じような無機質なものにしない」ことに尽きます。漢字は表意文字です。アルファベットのような、「AはなぜAか」に答えられない表音文字とは違います。漢字の形についての由来も、部首には意味の共通性があることも、部首によって音読みが決まってくることも、全て漢字学習を無機質なものではなく、意味のある指導に換えるための手立てとして使えます。

そして、漢字に限りませんが、子どもたちの記憶にしっかりと刻み込むために、もう一つ大切なことがあります。それは、インパクトです。人間の脳は「普通のこと=中肉中背の男のこと」は記憶にとどまらなくても、「インパクトがあること=身長2メートルを超える大男のこと」は忘れないようにできています。強烈なインパクトを持つ、忘れられない漢字の授業で、忘却との闘いに勝利してください。

11章

# 字の形と書く速さを意識する書写の授業

この章のねらい

- 美術（書道）ではない国語（書写）の目的を知る
- 硬筆書写の指導方法を学ぶ
- 毛筆書写の指導方法を学ぶ

書写には、鉛筆やペンを用いる硬筆書写と、筆を用いる毛筆書写があります。一・二年生では硬筆書写を、三年生以上になると硬筆に加えて毛筆書写の授業を年間三十時間程度行います。

ところで、「書写って何」「ああ、習字のことよ」「なるほど、書道ガールズの……」なんて言ってませんか？　書写は、小中学校で実施される国語科の「伝統的な言語文化と言語の特質に関する事項」に位置付く学習です。一方、書道は高等学校の芸術科に位置付く学習です。書写は「とめはねっ！　的書道パフォーマンス」や書道作品を仕上げるための学習ではなく、文字を書くための基礎・基本を習得する学習ですから、文字言語としての基本原則や法則を教えなければなりません。

この章では、書写の時間をどのように指導すればいいのかということについて考えてみましょう。

## 書写なんて必要ないって思っていませんか？

小学校に入学した一年生の子どもたちは、鉛筆を使って字を書きたくてたまりません。ですから、その意欲を利用して、鉛筆の持ち方や姿勢など、書くことの技能的な基本を教えるには最適な時期です。ところが、書くことは小学校入学前から自己流で行っており、それぞれの書き方がすでに身に付いています。小学校入学時には書く姿勢や鉛筆の持ち方において、あまり好ましくない癖がついている子も多いのが現実です。基礎・基本を一から教えるというよりも、正しい姿勢や鉛筆の持ち方などに矯正することから始めなければならない実態があります。

さらに、「書けるからいいだろう」「文字は個性の表れだから、好きなように書かせるべきだ」などという間違った考え方も保護者や一部の教師の中にあります。また、「外国では左利きの大統領もいるくらいですから、姿勢や鉛筆の持ち方などという細かいことをうるさく言わなくても」とか、「将来ワープロで文章を書くんだから書写なんて必要ない」と思いがちですが、そうではありません。

とにかく小学校では文字を書きます。長文の作文を書いたり、先生が黒板に書いた文字を速く丁寧に書き写すのに必要なのは書写の技能です。速く丁寧に書くという技能が身に付くか付かないかによって、全ての学習に影響があるのは間違いありません。速く丁寧に書くためのトレーニングの時間が書写の時間なのです。

## 硬筆書写　最初に何を教える？

日本語にはひらがなとカタカナと漢字があります。一年生を対象に書写の授業を始める場合、これらのどの文字から学習を始めればいいでしょう。いきなり漢字から入ることは考えにくいので、ひらがなかカタカナのどちらかということになります。

正解はひらがなです。ひらがなは読んだ通りに書けば言葉になりますし、小学校入学時には読める子が多いからです。一方、カタカナは一年生の段階ではまだ読めない子が多いことが、指導のネックになります。ところが、ひらがなは右回りの回転運動が多く、この回転運動ができるようになるまでには、児童の指先の巧緻性を鍛えなければなりません。

試しに、「あお・すな・ぬの・ゆめ・よる・ほね・はむ」の文字を書いてみましょう。大学生になっても美しく書けない文字があるのではないでしょうか。

「の」を書く場合、小指の付け根から手首までの柔らかい部分を机に接して固定し、親指、人差し指、中指を同時に曲げたり伸ばしたりしながら、手首を微妙に左右に振って書きます。この時、書き始めは強く打ち込みますが、終わりの部分は力を抜いて払います。これはある程度の訓練をすれば、まずまず上手に書くことができますが、小学校一年生にとっては至難の業です。しかも、大人の大きくて長い指でも、一年生の小さくて短い指でも、使う鉛筆のサイズは同じです。子どもの手のサイズから考えると鉛筆よりも太くて持ちやすい道具で書かせる方がいいでしょう。また、指や手首を動かすための筋肉の動きなどを十分理解した上で指導しなければなりません。

## ❗やってみよう

縦棒と横棒を書かせる指導です。一年生に縦棒と横棒を何度も書かせるための言葉を考えましょう。

「はい、縦棒を五本書きなさい」などと指示しても、「先生、たてぼうって何ですか?」

と聞き返されるだけです。具体的な言葉かけを工夫してみましょう。

**縦棒を書かせる指示の言葉**

**横棒を書かせる指示の言葉**

ベテランの教師は、「さあ雨が降ってきましたよ。ポツン・ポツン・ザアアアア」とか、「風が吹いて大雨になってきましたよ。ザーザーザーザー」などのように具体的な言葉かけをして縦棒を書かせます。

横棒の場合は、「アメンボが水の上を走りますよ。サーサーサー」「自動車がやってきましたよ。ブーーーーン。キキーッ。ストップ」などと声をかけます。また、プリントにピストルと弾のイラストを描いておき、こう声をかけます。「さあ、鉄砲から弾が出るよ。バーン」。子どもたちはバーンの合図と共に一斉に左のピストルから右の弾へと横線を描きます。何度も繰り返すうちに、横線は弾のところでピッタリ止まるようになります。このような工夫によって、子どもたちはもう夢中で縦棒や横棒を書きながら「とめ」を覚えます。

### ! やってみよう

「ノ」や「す」などのように「はらい」や回転運動の練習はどうするか考えましょう。

**「ノ」の払いの練習をさせる指示の言葉**

**「す」のような回転運動をさせる指示の言葉**

これもベテランの教師は「馬さんのしっぽを書いてごらん」とか、「ブタさんのしっぽを書いてごらん」と指示を出して「ノ」や「す」を書かせます。描き終わった子には、「最後は紙と鉛筆が離れてないと駄目ですよ」と声をかけ、「はらい」のときに自然に力を抜くことを覚えさせます。

この他にも、煙突のイラストに「モクモクけむりが出てますよ」と言いながら煙を描かせたり、茎と葉を描いたイラストに「はなびらを描いて」と言いながら右回りの回転運動を訓練します。このような指導によって、子どもたちはどのように手首や指を動かせば、思った通りに直線や曲線を描くことができるのか、という「運筆《うんぴつ》」を学んでいくのです。

## 「くつ」を書く

一年生の最初に「くつ」という文字を書かせることが多いのですが、なぜだか分かりますか？　一筆書きで「とめ」と「はらい」が学習できる文字だからです。子どもが書くのに飽きてくると、「〈く〉と〈つ〉が付く言葉を他にも探しましょうね」と声をかけて言葉づくりをさせたりもします。子どもたちは、「つくし」「くり」「つき」「くも」など、次々と言葉を探していきます。教師は、その言葉を丁寧に板書した後、「じゃ、今度は〈つくし〉を書いてみましょうね」と指示して、「し」の文字のはらいを教えます。このように、書写の時間だからといって文字を書かせるだけでは子どもは飽きてしまいますから、言葉探しなどを入れながら国語の時間の語彙指導と兼ねて工夫しているのです。

「つ」や「し」の文字が、「フ」や「レ」のようになってしまう子には、手を添えて一緒に書いてやりながら、「自動車がゆっくりカーブしますよ」と言葉をかけたり、「〈し〉のへこんだところにリンゴを入れてあげてね。短いと転がっちゃいますよ」などと具体的な指示をしながら書かせていきます。そのような、教師の適切な言葉かけによって、子どもは文字の特徴や書くときの注意などを覚えていくのです。

**やってみよう**

ひらがなの「つ」と「し」を例にしてカタカナの「ツ」と「シ」を書くときの注意について、どのように言葉かけをすればよいか考えてみましょう。

## 毛筆書写の指導

**やってみよう**

Ａ４サイズの紙を学習机に見立てて、毛筆の時間に使う道具をイラストで描いてみてください。

イラストで描く十一個の道具は毛筆書写の基本の道具です。いろいろな道具がセットになっている「習字セット」を購入する児童も多いのですが、机の上に出す道具はこの道具だけで十分です。もちろん教師も、これらの道具をそろえておくことは言うまでもありません。一四二ページに答えの写真を載せておきました。

Ａ４サイズの紙を机に見立てて、
下記に示した毛筆書写の時間に使う道具を
書き込んでみましょう。

大筆・小筆・筆置き・固形墨・液体墨・半紙・
下敷き・硯・文鎮・教科書・硯用の雑巾

## 教師として身に付けておきたい技能

子どもにお手本を示す教師として、書写の指導をする技能を高めることは大切です。書道教室などに通って、すでに段位を持っている人は、自分の技能が確固たるものですから大きな財産になります。しかし、段位などを持っていなくても、練習次第で美しく整った文字を書かせるための指導のコツをつかむことができる文字があります。それは、漢字の「永」です。しっかり練習して毛筆の基本を身に付けておきたいものです。

永

永の字には、永字八法（えいじはっぽう）といって、書に必要な技法八種が全て含まれています。

側（ソク、点）、勒（ロク、横画）、努（ド、縦画）、趯（テキ、はね）、策（サク、右上がりの横画）、掠（リャク、左はらい）、啄（タク、短い左はらい）、磔（タク、右はらい）の八法です。

## 毛筆と硬筆とは連携している

毛筆だけを取り立てて指導するのではなく、毛筆でやったことが硬筆にどう反映するかということを考えて指導します。つまり、「とめ」「はね」「はらい」「運筆」「筆圧（どの程度の力で筆を押さえるか）」の基礎・基本を毛筆と硬筆の両方によって学ばせるのです。特に小筆の使い方と鉛筆の使い方はほぼ同じですから、筆の持ち方や筆圧の指導を行うのに適しています。教科書に掲載されているような正しい持ち方で筆記用具を持つことによって、正しく美しい字を速く書く技術が身に付くのです。

書写の教科書に掲載されている正しい持ち方を見てください。三本の指がそれぞれの役割を果たしています。横から押さえて左右の動きをコントロールする親指・上から支えて引く動きをコントロールする人差し指・横下から支えて左右の動きとはねをコントロールする中指。全ての指の働きがバランスよく配置されているのが正しい持ち方なのです。教師として子どもに文字を教えるためには、自分自身の筆記用具の持ち方を手本として子どもに示せるようしっかり整えることが大切です。

正しい持ち方

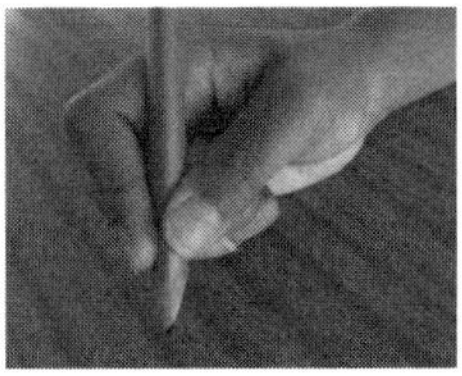

三本の指がバランスよく支えている。

よく見られる持ち方1

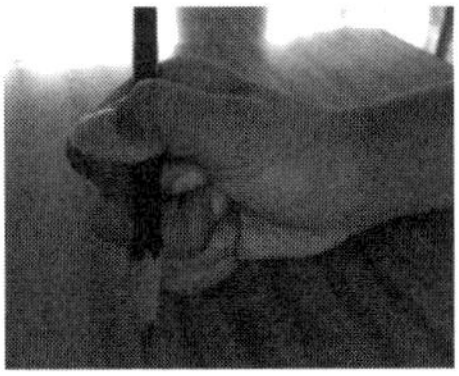

親指と人差し指でしか支えていない。

よく見られる持ち方2

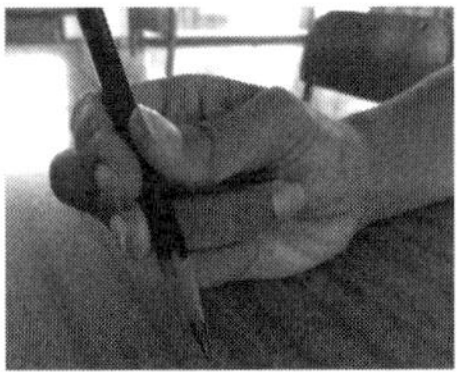

親指と中指によって支えられており人差し指が機能を果たしていない。

## 正しいこと・整っていること・速く書けること

書写の目的は美しく整った文字を、正確に、しかも速く書く技能を身に付けさせることにあります。そのために、正しい姿勢や、筆記用具の持ち方、筆順やとめ・はね・はらいをしっかりと指導します。しかし、書写の時間だけで、正確に速く書く技能が身に付くということでもありません。

算数科や社会科など全ての学習において、子どもが文字を書く姿勢や筆記用具の持ち方、あるいは筆記用具の選び方などに気を配り、その場その場において適切な指導が成されることが大切です。そのためには、基本的な事柄を単なる知識としてではなく、自分の技能として身に付け、手本として示せる教師でありたいものです。

大筆・小筆・筆置き・固形墨・液体墨・半紙・下敷き・硯・文鎮・教科書・硯用の雑巾はこのように並べるのが一般的です。
(左利きの場合は、手本と硯の位置が逆になります)

memo

## 文字を書くということ

現在の小学校学習指導要領では、第一学年及び第二学年の「知識及び技能」において「平仮名及び片仮名を読み、書くこと」とされているため、公式には小学校に入学してから文字を習うことになっています。しかし、実際には幼稚園や保育園での学習や、家庭学習などによって、小学校入学前からひらがなの読み書きができる子どもが多いのが実情です。現実問題、小学校に入学した時点でひらがなの読み書きができないと、教室で自分の名前が書かれた座席も探せませんし、「こくご」の教科書がどれかも分かりません。書くことはともかく、読むことに関しては、小学校入学時にある程度はできることを前提としているのが現実の状況です。

それでは、書くことに関してはどうでしょうか。小学校入学前にひらがなを書かせることに関しては賛否両論があるようです。「書ける方がいいに決まっている」という意見もあるかもしれませんが、ここで問題なのは「書ける」の度合いなのです。自己流で覚えると、「書ける」ではなく「本人は書けると思っている」という状態にとどまることもあり、あとで修正するのが非常に困難な場合があります。私の娘も早くから文字に興味を持ってひらがなを書き始めていました。当然のことながら、最初に覚えたひらがなは自分の名前です。そして、小学校に入学してから、きちんとひらがなを習うと、入学前に比べて非常に綺麗に書けるようになったのですが、皮肉なことに、一番初めに覚えて、一番たくさん書いた自分の名前のひらがなに、最も癖が残ってしまいました。

しかし、「中途半端に変な書き方を覚えるといけないので、最初から覚えない方がいい」というのも極端です。子どもたちは読めるようになれば、当然のことながら書けるようにもなりたいと思うわけですので、そうした自発的なモチベーションの盛り上がりをとどめるのがいいとは限りません。

そうなると、一番いいのは「どうせ書かせるのであれば、最初からしっかりと練習して書かせる」ということになります。そして、このことは小学校入学前の家庭学習だけではなく、小学校に入ってからの国語科における指導でも同じであると言えます。一つ一つの文字をしっかりと練習することが大切です。

そして、もう一つ気を付けておいてほしいのが、フォントの問題です。昔に比べると、現代では印刷物やインターネット上の文書を読むことが増えました。小学校入学前の子どもたちは、見よう見まねで文字を覚えようとします。そのときに、ゴシック体の「こ」を見て覚えると、「こ」の一画目のはねを認識できないのです。文字を覚えはじめの子どもたちは、文字を文字としてではなく、図柄のように認識しています。先生がしっかりととめ、はね、はらいのある文字を書き、よいお手本となるようにしてください。子どもたちがしっかりとした文字が書けるように指導するために、まず皆さん自身から文字の練習を始めましょう。

12章

# 個人差への対応と机間巡視

この章のねらい

● 個人差の把握と指導の仕方について理解する
● 机間巡視の方法を体験する

書くことが多い国語科の時間には、一人一人の作業スピードの違いが授業の流れに大きく影響します。例えば、物語の読み取りの場面においては、最大十五分から二十分程度の時間を費やして、ワークシートに主人公の心情の変化や場面の様子などを書き込む活動を行います。その際、気を付けておかなければならないことは、活動スピードの個人差にどう対応するかということです。

何をどう書いていいのか分からず、鉛筆が止まってしまっている子がいるかと思えば、スムーズにどんどん書き進め、設定時間の半分程度で終わってしまう子もいます。クラスの人数に関係なく、必ず個人差がありますから、その対応を考えて指導に当たらなければなりません。

この章では、個人差への対応はどうあるべきか、ということを中心に、個別指導や机間巡視について考えてみましょう。

## 個人差の把握と指導

物語文や説明文の読みの指導を例にとって、個に応じた指導について考えてみましょう。読みの指導では、文章を読み取る→自分の考えをまとめる→友達との伝え合い→伝え合いによって交換した意見を基に考えを深める、という流れで授業をすることがよくあります。自分の考えを友達と伝え合うためには、まず自分の考えを持つことが大切ですから、ワークシートやノートに考えを書き込み、伝え合うための意見としてまとめる活動を行います。ワークシートやノートに書き込む活動では、書ける子と書けない子とを把握し、個人差に対応するプランを考えておかないと、できない子は苦しみ、できる子は退屈してしまうという時間が生まれることになってしまいます。個人差を見極め、的確な指示や指導をするためには「日頃からの児童理解」「時間感覚の持たせ方」「個に応じた指導の工夫」の三つが必要になってきます。

「日頃からの児童理解」の方法を習得するには、数多くの子どもとの出会いや経験年数が必要であり、一朝一夕に身に付くものではありませんが、教師として最も大切な資質の一つですから、常に子どもを見る目を養わなければなりません。

「時間感覚の持たせ方」「個に応じた指導の工夫」については、経験年数に関係なく、どの教師も実践できる授業のポイントです。授業を組み立てる際にぜひ活用してほしいものです。

## 三段構えの作戦

スムーズに活動させるには明確な指示が必要です。第三章の発問のところでも少し述べましたが、指示は「何を・どのように・どれくらいの時間をかけて行うか」ということを簡潔に伝えます。例えば「○段落を読んで、筆者の考えが書いてある文に線を引きましょう。探す時間は三分間です。では、スタート」のような極めて簡潔な指示を出します。この例のように比較的簡単な活動でも、苦手な子にとっては三分でも足りない場合があります。ところが、読み取りが得意な子にとっては五秒もあれば十分です。この個人差にどう対応すればいいのでしょう。そこで三段構えの作戦が登場します。

※活動時間は日頃からパターン化する。
※できる子には、別メニューを用意しておく。
※できない子には、用意しておいたヒントを与える。

## 活動時間は日頃からパターン化する

時間設定は、Ｓ（三分～五分）、Ｍ（十分）、Ｌ（十五分）の三種類を日頃から用います。小学校の授業時間である四十五分間では、個人が黙々と自分の考えを書くような時間は、最大でも十五分から二十分が限度でしょう。もちろん例外はありますが、一つの学習活動だけで二十分以上も時間がかかる活動を授業に取り入れることは、あまりお勧めできません。自分の考えをまとめた後の伝え合いの時間を確保し、個々の考えをさらに高めることに費やす時間が足りなくなってしまうからです。

活動時間をパターン化させる意味は、「日頃から決まった時間感覚を養う」ということにあります。例えば、「では、今から五分間です」と指示されて活動する経験を何度も積むことによって、子どもは、限られた時間の中で、どれくらいの量を処理することができるのかを自覚するようになります。時間感覚を身に付けた子どもは、新たな問題に対するときに、どの程度で処理することができるか、あるいは、見切るのかを判断することができるようにもなります。

時間感覚を身に付けるということは、子どもに対してだけではなく、実は教師自身が身に付けるべき重要な能力でもあります。子どもたちの学力を見極め、適切な難易度の学習課題と時間を設定する力です。その際、クラスのどの子どもに照準を合わせて配分すればいいでしょう。よくできる子に合わせると、クラスの大半の子ができないまま活動時間が終わります。できない子に合わせると、大半の子はできますから、その後に何をするのかという次の手を用意しておかなければ無駄な時間が発生してしまいます。大切なことは、時間内にクラスの全員が自分の考えをまとめるという課題をクリアし、伝え合いの準備が整ったという成就感を味わわせることですから、苦手な子でも頑張ればできるであろう時間を見極めて配分し、なおかつ、簡単にできる子の集中が途切れない工夫をすることでしょう。

## できる子には別メニューを用意しておく

個々の考えをまとめる活動の後は、伝え合い活動の時間になるという授業展開は一般的なものです。ですから、早くできてしまった子には、「分かったことは何か」ということと「自分が考えた道筋」を振り返らせます。つまり、できる子に別メニューを用意するというのは、毎回別のプリントを用意するというような意味ではなく、自分の学びを振り返らせ、説明の訓練や伝え合いの際の発表練習をさせるということです。

具体的には「もうできたのですか。えらいねぇ。じゃあ、君が考えた筋道を後で説明してもらうから、ノートにまとめておいてね」のような賞揚の言葉と指示を出すことです。そうやって次の活動のための準備をさせている間にできない子の個別指導をします。

## できない子への個別指導

できない子にはできない子なりの原因があります。その原因が何であるかを見極める力は教師の大切な技能です。「日頃からの児童理解」ということは、まさにこのことです。学級担任になって何日も一緒に学習していくうちに、「学習の目的を理解して活動を進める子」か、そうでないかということは分かります。その原因が「何をすればいいのかが理解できない」からなのか、「読む力が弱い」からなのか、「書く力が弱い」からなのか、あるいは、「学習に集中できない事情がある」からなのか、ということについては、把握しておく必要があります。その上で、どのような活動を、何分程度させるのか計画し、つまずきに対応する手だてやヒントをあらかじめ考えておかなければなりません。これは、児童観察に長けた経験豊富な教師でも毎回悩む課題です。

## 授業についてこられない子どもへの対応

つきっきりで指導しなければ、課題が理解できなかったり、読むことや書くことが満足にできなかったりする子がいます。このような子には手助けが必要です。「〇段落から筆者の考えを抜き出して線を引く」という活動であれば、机の横まで行き、姿勢を低くして、頭の位置を子どもと同じ高さに下げてから個別指導に入ります。

「大丈夫、先生と一緒に考えてみようね」と笑顔で声をかけます。その後、指で本文を指しながら「先生と一緒に読むよ。続けて読んでね」と言って一緒に読んだり、「筆者の考えってだいたい最後に書いてあることが多いんだよね」と答えに限りなく近いヒントを与えたり、「どう、自分で線が引ける?」と言いつつも、迷っているようであれば一緒に線を引いてやることが必要です。課題がクリアできれば「できたね。えらかったよ」とほめてやりながら、少しずつでも、一人でできることを増やしていきます。

つきっきりで指導しなければならない子への個別指導というのは、配慮すべき児童が一人だけでも大変ですが、複数名いるクラスでは、一人一人についてやることはできませんから、教室の一角に「個別指導コーナー」を作って、そこに集めて指導する場合もあります。

## 個別指導コーナー

配慮すべき児童が複数名いる場合は、個別に側へ行って指導することが難しいのが現実です。そのようなクラスを担任した場合は学期当初から個別指導コーナーを設置します。個別指導コーナーといっても、用意する教具は移動式の黒板やホワイトボードです。

複式学級の教室には、移動式の黒板や移動式のホワイトボードが常設してあることが多く、例えば教室正面の黒板は三年生が使い、教室の横や後ろに配置した移動式の黒板は四年生が使います。難しい問題で行き詰まった子には、移動式黒板の裏へ呼んで、黒板の裏面に図を書いたりヒントを書いたりしてアドバイスします。

この移動式黒板は複式学級の必須アイテムですが、複式学級ではないクラスの個別指導にも大変有効です。個別指導の際には、移動式黒板に子どもたちを呼んできて、説明したりアドバイスしたりします。他の児童に聞こえないように指導したい場合は、移動式黒板の裏でアドバイスします。肝心なことは、「個別指導コーナーはできない子が行くところ」という意識を子どもに持たせないことです。時には、大変よくできる子を呼び、難しい問題を解かせたりもします。こうやって、個別指導コーナーはみんなが先生にヒントをもらう場であることを印象付けることが大切です。

## 机間巡視の方法

ワークシートに書き込んだり、ノートに自分の考えをまとめたりする活動にどうしてもついてこられない子や、あっという間に終わってしまう子を指導するためには、活動中に子どもたちの学習状況をつかむための机間巡視が必要になります。机間巡視の際には次の四つのポイントを守って行うことが必要です。

- 個々の様子を観察し、進み具合を把握する。
- 個別指導の計画を立て、効率よく指導する。
- 考え方や表現の違いを分類し、グループ分けをする。
- 伝え合いの計画を立てる。

## まず、一番早くできる子を観察する

「時間は十分間ですよ。さあ、はじめましょう」と指示を出した後、しばらくは教卓から全体の様子を見ておきます。このとき、一番早くできる子の様子を観察します。スムーズに活動に入れば、教師の指示が的確であったということですから、そのまま全体を見守ります。もし、よくできる子でも悩んでいるような状態が一分ほど続けば、それは指示が悪かったということになります。「わずか一分で？」と、思うかも知れませんが、よくできる子は、指示を出す前から学習のめあてが分かっていることが多く、早く書きたくてウズウズしているものです。その子でさえ書けないのであれば、それは教師の指示が理解できていない証拠ですから、全体の活動を一度止め、指示を出し直します。「はい、途中ですが書くのをやめて、手は膝の上において下さい」と言い、子どもが全員こちらを向いたことを確認してから改めて指示を出すようにしましょう。

## 机間巡視を始めたら、一番心配な子を観察する

指示が的確でほとんどの子が書き始めた場合は、一番心配な子を注意深く観察することを念頭に、机間巡視を始めます。

## 心配な子の様子

個別指導が必要な子どもの特徴

- 学習意欲がない場合や、集中することができないために、他のことをしている子
- 何を書いていいのか、問いの意味が分かっていないために鉛筆が止まっている子
- 書いてはいるのだが、書いていることがあまりにも問いとかけ離れている子
- 書いては消し、また、書いては消ししている子

心配な子はクラスに必ずいます。何名もいる場合は彼らの全員を短い時間で個別に指導することは不可能ですから、個別指導コーナーに集めて指導します。配慮しなければならない子が少数の場合は、活動時間とのバランスを考えて、個別指導の方法を考えます。

例えば、手だてをすれば今からでも書けそうな子には書くことのアドバイスをし、書くこと

が難しく、とうてい間に合わない子には、伝え合いの場面で活躍できるように手を打っておくのです。もちろん、学習に関係のない大声を出したり、他の子に迷惑をかけているような、配慮すべき子がいる場合は、その子を落ち着かせることから始めなくてはなりません。

学習障害や情緒障害の子どもがいる場合には、学習支援員や生活支援員が配置されていることもありますから、支援員と協力して指導に当たります。

## 効率良く指導するための声と付せん紙の二刀流アドバイス

物語文の学習において、どこを読み深めればいいか分からずに止まっている子には、あらかじめ用意しておいたヒントを書いた付せんをプリントやノートに貼り付けてアドバイスします。例えば、「←ここに書かれていることから、分かることを整理してみよう」と書いた付せんを教科書の本文に貼り付けて、重要な文を示します。

何を書いていいのか分からず、時間内に間に合いそうもない子には、「ＯＫ、そこまでにしておきましょう」と声をかけ無理に書かせることはしません。その代わり、別の問いを与える場合もあります。「伝え合いのときに答えて欲しいことがあるんだけど、考えてくれるかな」と声をかけ、例えば、「主人公の大造じいさんは、小屋の中から見ているのか、外へ出ているのか」のような具体的な問いを付せんに書いてノートに貼り付けたりします。伝え合いの場面で発問することを先に教えておくのです。自分の考えを書く活動はできなくても、伝え合いの場面で参加させる手を打っておくのです。

あまりにも問いとかけ離れていることを書いている子には、それなりの理由があるはずですから、「?・?　後で理由を聞くよ」と書いて貼り付けます。

書いては消し、書いては消ししている子には、「消してるけどいいこと書いてるよ。そのまま書いていいんだよ」とアドバイスした後で、消しゴムで消した跡の中から、いい表現を見つけてあげます。

このように、書く活動を取り入れる前に、配慮しなければならない子どもへのヒントを三パターン程度考えておけば、時間のロスを最小限に抑えながら個別指導をすることが可能です。また、アドバイス付せんは事前に何枚も作っておけます。付せんを使わずに、音声で言えば早いのですが、教師の声で集中が途切れてしまう子もいるので、子どもの状態を見ながら、付せんを使ったり小声で話したりというように使い分けをします。

## 考え方や表現の違いを分類し、グループ分けをする

机間巡視は個別指導のためだけにあるのではありません。クラスの八割の子は、もうすでに次の伝え合い活動を待っているのです。国語の時間で一番楽しい伝え合い活動が活発に展開できるように、伝え合いの準備をしておかなければなりません。つまり、ワークシートやノートの書き込みを見ながら、どの子がどのような考えを持っているか分類をします。

- 同じ考えの子と別の考えの子
- 表現が素晴らしい子
- ユニークな考えの子

机間巡視をしながら、これらの観点によって子どもたちを分類し、必要であればメモを取っ

ておきます。そうした分類をしながら、次の伝え合いのプランを練ります。

## 伝え合いの計画を立てる

机間巡視をしながら子どもの意見を分類すると、様々な伝え合いのアイデアが浮かんできます。机間巡視の後半は、それらのアイデアをどのようにコーディネートすれば今日の授業は面白くなるか、ワクワクしながら伝え合いの計画を立てる時間です。

- 誰を最初に指名して発表させるか、次に誰を指名すれば意見が対立して面白くなるか。
- グループになってミニ討論をさせるとしたらどうグループ分けするか。
- 表現が素晴らしい児童の意見をどのように取り上げればいいか。
- ユニークな考えの児童をどの場面で活躍させるか。
- 個別指導の際にあらかじめ発問について考えさせておいた児童をどこで活躍させるか。

多様な意見が伝え合い活動において出されるように、活気ある展開になるように、できれば全員が参加できるようにプランができたところで机間巡視を終え、「はい、時間になりました。手は膝の上」と指示して、書く活動も終了します。

**！やってみよう**

指導する先生役と、指導される子ども役の両方の立場になって机間巡視を体験してみましょう。

〈全体の流れ〉

全員が書く活動（生活作文・意見文・詩の創作など）を三十分程度行います。その間に、数名ずつ先生役になって机間巡視を行います。

〈先生グループを作る〉

一グループあたり全体の一割ずつの人数になるように、クラス全体を十グループに分けます。A先生グループ・B先生グループ〜J先生グループのように十の先生グループを作ります。

〈書く活動を始め、時間差で机間巡視を行う〉

一斉に書く活動（生活作文・意見文・詩の創作など）を始めます。

書く活動が始まったら、A先生グループから順に机間巡視を始めます。三分経ったら次のグループに交代です。全てのグループが机間巡視を終えた時点で体験活動は終了です。

〈発表する〉

・先生役として、どのようことに気を付けて、どんなアドバイスをすることができたか発表し合います。
・子ども役として、どのようなアドバイスをされたか、その時どう思ったか等の感想を発表し合います。
・意見交換をしながら、机間巡視の課題や指導のポイントを見つけてください。

〈机間巡視体験の方法〉

■先生役になったときは、書く活動をしている人の個人差に気を配りながらアドバイスし、その内容を記録しましょう。

・何人にアドバイスしたか。
・どういう人にアドバイスしたか。
・どのようなアドバイスをしたか。

■子ども役のときは、基本的には創作活動を続けてください。途中で先生役の人がアドバイスに回ってきますので、その内容を記録しましょう。

・どのようなアドバイスだったか。
・アドバイスされたときどう思ったか。

memo

## 一斉指導と個別指導

学校における授業のイメージといえば、なんと言っても黒板の前で熱弁を奮う先生の姿が真っ先に浮かびます。つまり、一般的な授業のイメージとは、一斉指導なのです。その一方で、個別指導といえば、イメージされるのは家庭教師、すなわち一対一の指導形態しかないような教育場面です。

もちろん学校教育は、クラスという集団の中で学ぶことに意義があります。その場合、多くの場合は三十名からの子どもたちを前に、教師は授業をすることになりますから、一斉指導に注意が向きがちなことはしかたありません。

しかし、実際の授業では、個への対応ということが非常に大切です。特にベテランの先生ほど、一斉指導の最中であっても個々の子どもの様子を非常によく見ており、個々の子どもの状況を生かした指導をしていることが分かります。「何をもっていい授業か」を定義することは非常に難しいことですが、「個々の子どもへの細やかな対応ができること」は間違いなくその定義の一つとして挙げることができるでしょう。もし、皆さんがベテランの先生の授業を見学できる機会を得たら、授業展開だけでなく、その先生の目線がどこにあるか、机間巡視でどのような声かけをしているか、机間巡視で得た情報を一斉指導の中でどのように生かしているかに着目してみてください。

ただし、個別指導が大切であるからといって、家庭教師のような一対一の授業形態がベストかというと、そうではありません。学びとは絶対的な価値を探るのではなく、相対的な価値を探るものです。つまり、「自分の意見は他の人と比べてどうか」や「自分の意見は他の人に評価されるか」という指標が必要なのです。

こうした相対的な価値を探らせる学習をするために、先生のコメントが非常に重要になります。一斉授業をしながら、子どもたちの意見を聞き、その意見にコメントを付けるとき、「それはいい」、「それは駄目」といった絶対的な価値付けをするだけではいけません。「Aさんの意見はBさんの意見とどう違うのかな?」、「Aさんの意見はよく聞くと、Bさんの意見と似ているよね」というように、相対的な価値を結ぶような評価的コメントをしましょう。教育学ではこうした先生のコメントは、意見に命を吹き込む「リボイシング」と呼ばれて研究されています。

つまり、教師とは舞台監督であり、演出家であり、支援者であるのです。子どもという登場人物の個性を生かしながら、それぞれの意見に対して一斉指導の中でどのような役割を与えるのかを考えて進めていくのです。「教育実習で学んだこと」として、よく耳にするのが「子どもを指名することに必然性を持たせること」です。子どもの発言に役割を与えるのであれば、指名は偶然であるはずがありません。指名とは、監督としての教師がカメラを向け、演出家としての教師が役割を引き出し、支援者としての教師が最後まで子どもが発言できるようにサポートすることです。

# 13章 先生の言葉遣い

この章のねらい
- 教室での話法（教育話法）について理解する
- 教師としての話し方のトレーニングをする

子どもたちの話し方や使っている言葉は担任の先生に似てきます。優しく丁寧な言葉遣いの教師が受け持つクラスは、子どもも柔らかい言葉遣いになりますし、元気な声でハキハキと話す教師が受け持つクラスの子どもたちは、やはり元気がいいものです。ですから、教師は自分自身の言葉遣いに注意を払いながら、子どもと接しなければなりません。

この章では、「学校における教師自身の言葉遣いはどうあるべきか」ということを中心に、授業中や学校生活における教師の言葉遣いについて考えてみましょう。

## 教育話法について

小学校教師になったばかりの頃、授業がうまいと言われている教師の授業を何度も参観しました。その度に「この先生は何て話が上手なんだろう」とか、「どうしてこの先生のクラスでは子どもたちの話し合いがスムーズにいくんだろう」などと感心し、自分の力量が遠く及ばないことを痛感する日々が続きました。また、子どもの意見をまとめたり、複数の意見を関連付けたりするベテラン教師の話術に、「きっとあの先生は天才的な言葉の使い手なんだな」「僕にはとてもそんな才能がないや」とも思いました。ところが、野地潤家先生の著書『教育話法入門』（明治図書　一九九六年）を読んだとき、その考えが一変しました。

先天的な性格が、あるいは環境が左右することは否めない事実であるけれど、練習や陶冶により後天的に動かすことのできるものであり、環境によりよく順応することにより環境をも動かしそれに適応することはできる。（一八〇頁）

それまでの私は、学校での教師の話し方（教育話法）というものは「持ち前の才能に支配されるもの」と考え、教育話法について真剣に考えていませんでした。ところがこの一節を読んだとき、教育話法を訓練して身に付けることが、授業のうまい教師としての第一歩であることに気付きました。以来、教育話法について本書に書かれている事柄を基に実践し続けています。

## 子どもと教師をつなぐのは言葉

『教育話法入門』において、野地先生は冒頭で次のように述べています。

学校社会における教育の営為を媒介するのは、児童・生徒・学生と教師との間に成立することばである。ことばは教育作用の成立に欠くことができない。（中略）教育向上を目ざすとすれば、それにはまず足もとのことばの生活に励まなくてはならない。また、学校社会における教育の営みが高められていくためには、学校という言語社会の全一的向上がはかられなくてはならない。

（九頁　※引用中の（中略）は牛頭による。）

学校において、教師と子どもとをつなぐものは紛れもなく言葉です。子どもは、新学年や新学期に出会う新しい先生に対して、「顔の表情」「声」「話し方」「服装」などから人柄を推測します。そして、「あの先生は面白い」「あの先生の授業は面白い」「あの先生は好きだ」と言うとき、その理由として、その先生の話し方や話の内容が面白いことを挙げる場合が多いのです。

では、実際に子どもが教師に求めているものは何でしょう。野地先生は生徒が教師に対してどのような期待性と憧憬性とを持っているか、三十七名の生徒からの聞き取り調査に基づき、次の十項目に分類しています。

①　熱心であること（真摯性・熱意性）
②　教養の高いこと（教養性・人格性）
③　明朗であること（明朗性）
④　清らかであること（清明性）
⑤　優しいこと（慈悲性）
⑥　ユーモアに富むこと（ユーモア性）
⑦　親しみやすいこと（親和性）
⑧　公平であること（公平性）

⑨　親切であること（親切性）
⑩　すぐれていること（卓越性）
（二一九頁）

野地先生の『教育話法入門』の内容をこれ以上詳しく紹介することは紙幅の関係でできませんが、私なりに教育話法をマスターする条件を三つに整理してみました。

Ⅰ　誠実で人間味豊かな人になること
Ⅱ　右に挙げた十項目を意識した教育話法の修練
Ⅲ　ⅠとⅡとを達成するために継続努力すること

## 教室での話法の実際

学校生活における先生と子どもとの会話は多岐にわたります。朝の会や休み時間の会話も言語環境という意味で大変重要ですが、ここでは、国語の授業に絞って紹介します。

### 不安を取り除く言葉（T＝教師、S＝子ども　以下同）

T　この文のどれが主語でどれが述語か分かる人。
S　えーと、違ってたらどうしよう。
T　うん、違っても大丈夫だし、教えたことって忘れるもんなんですよ。大丈夫。

「忘れるものだ」「間違っても大丈夫」という言葉は、多くの先生が心がけていることですが、実際に個々の場面でそうした声かけをまめにやるかどうかで、子どもたちが「間違えを恐れずに答えることができる」ようになるかが分かれます。誰もが話せるクラスというのは、成績のいい子や理解の早い子だけが話せるという意味ではなく、どちらかというと自信のない子や、引っ込み思案の子がしっかりと自信を持って話せるクラスのことを言います。そのためには日頃から不安を取り除く言葉がけをこまめに行うことが大切です。

## 誤答への対応

T　では修飾語はどれですか。
S　（挙手）修飾語？　えっ。
S　分かりやすく言うと、詳しくする言葉はどれですか。
S　ムツくん。
S　はい。
S　「タクミくんが」です。
T　「タクミくんが」
T　「タクミくんが」ですか？
S　はい。
T　「タクミくん」が修飾語ですか？
S　えーと……。
S　（他の児童から）違います。違いまーす（挙手）。
T　主語と間違えちゃったな。

T　先生が「修飾語」と言ったの、聞こえにくかったかな、ごめんね、はい。

「修飾語」を答えさせる場面で、子どもが「主語」を答えてしまった場面です。まず、先生は子どもの誤答をオウム返しに「タクミくんが」と答えています。子どもの返答への対応で大切なのは、正答なら「ほめる」、そして誤答なら「考えさせる」ことです。もちろん、状況にもよりますが、誤答に対して「ちがいます！」と即座に断罪してしまうのは、必ずしもいい方法ではありません。オウム返しには、「判定を保留する」という効果もあります。ケアレスミスの場合、ここで「あっ、間違えました」と子どもが自分で気付いて修正することもあります。

さらに後半で、間違いに対して先生は「主語と間違えたかな」「聞こえにくかったかな」とフォローをしています。実際には修飾語について、「分かりやすく言うと、詳しくする言葉はどれですか」と言い換えをしているので、聞き間違えの可能性は高くありません。しかし、子どもによっては、その前に行っていた主語と述語の問題から切り替えができず、すでに修飾語について問われていることに気付かないまま考えている子もいます。集中力がありすぎるせいでしょうか。それとも単なる不注意でしょうか。とにかく「修飾語はどれでしょう」という発問が耳に届いていないのです。このような子が誤答をしてしまった場合には傷つけないよう、教師が逆に「ごめんね」というのも一つの方法です。なぜなら、教師の発問のタイミングが子どもの学習状況に合っていなかったからです。

誤答の原因を教師が創り出していることも、実際にはよくある話なのです。教師は自分こそ正しいと思ってしまいがちですが、自分の発話が子どもに負荷をかけていないか、常に自省する必要があります。

## 日常の全てがお手本だと意識して

子どもの名前を呼ぶとき、「○○さん」「○○君」と呼びます。学校によっては男女の区別なく全て「さん」で呼ぶことを取り決めている学校もあります。親しみを込める場合には「ちゃん」付けで呼んだり、注意をする場合には「さん」や「君」を付けないで呼んだりすることもあります。これはコードスイッチングや、スピーチスタイルシフトと呼ばれる現象で、「ぶれている」わけではありません。

私たちは最後まで発話しなくとも、どう呼びかけるかだけで、発話の内容を予感させることをしているのです。その意味では、授業で発表や発言をするときの「お行儀のいい言葉遣い」も、教師としては当然指導すべきですが、その一方で、授業以外の場面における先生のコードスイッチングやスタイルシフトも、子どもたちのコミュニケーション方略の理解を促し、言語行動のモデルとなるものなのです。

学校内で教師が話す言葉は「全部がお手本」だという意識を持ち、子どもの前では意図的、計画的に言葉を選んで話す癖を身に付けましょう。

問題1　どうして学校では、先生たち同士で「○○先生」と呼び合うのでしょうか。

問題2　家庭内でみなさんの両親は、夫婦間でどのように呼び合っていますか。父親が母親に対して「お母さん」、母親が父親に対して「お父さん」と呼んでいるとすればそれはどうしてでしょうか。こうした呼び方をしていないということであれば、それはどうしてでしょうか。

## やってみよう

教育実習に行くと、様々な挨拶や会話が待っています。社会に出るためのコミュニケーションスキルを高めるためにも、これら一つ一つの会話を大切なトレーニングだと考えてロールプレイを実践してみましょう。ロールプレイとは、自分と違う、ある特定の立場の人になったつもりで、ある問題について考え、それを表現するという方法です。

現場の先生役・子ども役・実習生になってロールプレイをしてみましょう。

・実習校の事務室や職員室で、応対してくださる先生と最初にする挨拶
・教頭先生や校長先生との挨拶と実習内容に関する会話
・指導を担当してくださる先生との挨拶
・実習担当の教室に入ったときに子どもと交わす挨拶と自己紹介（実習生を紹介する全校朝会や全校集会がある場合は、全校児童の前での挨拶と自己紹介）
・休憩時間中の子どもとの会話
・給食を食べているときの子どもとの会話
・掃除の時間なのにふざけている子どもへの指導

## ロールプレイを終えて

ロールプレイでは前半が大人との会話、後半が子どもとの会話になっています。最初の挨拶ははっきりと言えたでしょうか。学校だけではなく社会一般では「気持ちのいい挨拶」ができない人は社会人として認められません。相手から見て気持ちのいい挨拶とは、声の大きさや言

い方だけではなく、目線や顔の表情、身体全体の動作も大切な要素です。また、改まった場所での自己紹介のスピーチの話し方と、休憩時間などの会話とでは、話題も表情も変わります。

次に子どもへの会話はどうでしょう。目線や姿勢を子どもの高さに変えましたか？　話し方や言葉遣いはどうでしょう。実習生のあなたに興味を持って近付いてくる子もいれば、お話をしたいのに、遠くの方でモジモジしている子もいます。どのような声をかけましたか？

掃除の時間にふざけている子どもへの指導はしっかりとできたでしょうか。注意するだけが指導ではありません。「一緒に掃除しようね」と導いてあげることも大切です。

実習生のあなたを「先生」と呼んでくれる子どもに、お手本となる態度や言葉遣いを意識して話すトレーニングになったと思います。また、ロールプレイは子どもたち同士のコミュニケーショントレーニングとしても有効です。興味のある人は左記の本を読んでみてください。

『ロールプレイでコミュニケーションの達人を育てる　小学生のための会話練習ワーク』

（森篤嗣・牛頭哲宏、二〇一〇、ココ出版）

### ！やってみよう

一般的に使われている言葉ではあるけれども、子どもの会話には出てこないような言葉を選んで説明してみましょう。例えば、子どもにはなじみのない「秋の味覚」という言葉の意味を小学校低学年の児童に説明することを考えてみましょう。小学校低学年の児童に「アキノミカク」と言っても、それが「秋の味覚」であると理解できる子は少数でしょう。「あき飲み書く」とか「秋の実描く」と勘違いしてくれるならいい方で、たいていは「何それ?」です。「秋は季節の秋だよ」と説明しても、「季節って何?」と返ってくるかも知れません。まして「味覚」を「味を感じること」等と辞書的に説明しても、反応は「?…?」です。さて、どのように説明しますか? 秋刀魚《さんま》・栗・松茸・梨・柿・ぶどう・新米・サツマイモなどの具体的な言葉を使ってみてはどうでしょうか。

次の日本の伝統的な言葉の中から選んで子ども向けに説明してみましょう。

・七草がゆ　・暦の上では春　・端午《たんご》の節句
・田植え　・土用の丑《うし》の日　・暑さ寒さも彼岸まで
・七五三　・冬将軍

分かりやすい説明というのは案外難しいものです。子どもは具体物に反応しますから、できる限り具体的な説明ができるように訓練してみてください。

# 授業見学のススメ

最近の小学校現場では校内でも授業研究会として授業を公開する機会が増えていますし、公開授業研究会として、学校外の人にも授業を公開し、学生でも参加して見学できるような機会があります。学生時代に教育実習などの一環として授業を見学するだけでなく、積極的に授業見学をする機会を持って欲しいと思いますし、教員になってからも先輩の授業をどんどん見学すべきです。

さて、それでは授業見学をするときに何を見ればいいのでしょうか。公開授業研究会の場合、綿密に書き込まれた学習指導案が配られ、普段の授業ではなかなか取り組めないような大がかりな学習活動が披露されることが多いでしょう。普段の授業ではなかなか試すことができない取り組みですから、どのような成果があるのか、困難な点があるのかを見ることは大切なことです。

しかしながら、授業見学でそうした大がかりな取り組みにばかり目がいってしまい、教師のちょっとしたワザを見過ごしてしまうのはもったいないことです。現場では年がら年中、公開授業研究会でやるような大がかりな学習活動をすることはできません。それよりも、一見して地味と思えるような学習活動を、いかに子どもたちを飽きさせず、モチベーションを保ちながら、楽しく展開できるかということの方が、日々の教育実践には役立つのではないでしょうか。先生の話し方、すなわち教育話法はもちろんその一つですし、話し方でなくても、子どもたちが作業をしている間に先生はどう動いているか、手を挙げる子どもが少ないときにどのように対処しているか、掲示物をどのように効果的に使っているかなど、特にベテランの先生の授業見学は、指導技術の宝庫です。

授業内容だけではありません。授業が始まる前からベテラン教師のワザが発揮されることもあります。私がある授業を見学にいったときのことです。授業前、子どもたちが席には座ったもののまだ隣の子どもとしゃべっていて前を向いていないときに、その先生は「何本?」と言って一瞬だけ指を三本出して引っ込めました。そうすると、前を向いていた子だけが「三」と答えます。すかさず今度は両手で十本を示し「何本?」と問いかけます。これでほとんどの子は「十!」と答えます。さらに素早く大きな動作で指を七本示し、今度は子どもたち全員で「七!」と答えました。もうそのときには、全員が先生を見つめていました。このワザのポイントは「前を向かせたいのであれば、前を向く必然性を与える」という点です。こうしたベテラン教師のワザは無意識に行われることが多く、注意を向けなければ、見過ごしてしまう何気ないものです。意識的に行っている場合も「たわいもないこと」と認識されがちです。しかし、この何気ない言葉がけにこそ、授業内容をよりよく伝達し、子どもたちの心に響く教室でのコミュニケーションの秘訣が隠されているのです。

14章

# 学んだ実感を味わわせるポートフォリオ評価

この章のねらい

●ポートフォリオ評価学習活動について理解する
●ポートフォリオ評価学習活動を実際に行い、学習のまとめをする

国語科で学んだ知識としての言葉の力を、実生活で上手に運用することができているのかという点については、国語科の授業だけで判断することは大変難しいことです。例えば、国語の成績はいいのだけれど、人前で話すことは苦手だという子がいるかと思えば、テストは芳しくなくても、人前で表情豊かに話をして教室中の子を笑わせたりする天才的な言葉の使い手のような子もいます。これらの子どもが身に付けている言葉の力を評価し、よりよく成長させる手だてを考え、今以上に豊かで確かな言葉の力を身に付けさせることが教師の務めです。

この章では、見えにくい国語科の学力について、どうすれば「わかった・できた」という実感を伴った評価ができるかということについて考えてみましょう。

## 学力テストとポートフォリオ評価

いったい国語科の学力って何なのでしょう。例えば、国語科の学力を測定するのに使われる学力テストでは、文字の読み書き・言葉の意味・文法などのように、基礎的な知識を学習する段階では正解と不正解がはっきりしており、それらの知識量を測ることは可能です。けれども、様々な文章を読んで自分の考えを持ったり、その考えを他者に分かりやすく表現したりする力は、学力テストではなかなか計ることができません。では、どのようにすれば、教師はそれを評価することができ、さらに、子どもが自分自身で言葉の学びを実感できるのでしょうか。

学力テストでは計ることの難しい、話す・聞く力などを評価したり、子ども自身が、力が身に付いたと実感したりするためには、学びの成果を振り返ることができる評価の時間を設定することが重要です。これから紹介する「ポートフォリオ評価学習活動」は、ひとまとまりの学習単元が終わった後、学習全体を振り返りながら、ワークシートや作文などの学習成果物を整理し、自己評価や相互評価をしたり、新たな課題を発見したりする学習活動です。

## 点数だけでは表せない学力を知る手だて「ポートフォリオ評価学習活動」

ポートフォリオ評価学習活動では、評価活動そのものを学習活動として行うことによって、子どもたちは、自分がこの学習によって何を学んだのか、学んだことをどう活用したのか、もっと工夫できることはなかったのか、今後の課題は何か、などを認識し、それらの学びを教室のみんなと共有します。つまり、自分の学びの足跡を、自分で振り返り、友達と伝え合う活動です。なんだか、難しそうに思うかも知れませんが、次に示す例をごらんになれば、さほど難しいものではないということを理解していただけると思います。実際に、小学生がポートフォリオ評価学習活動を行った手順を示したもので、かかった時間は四時間ほどです。

**（1）ワークシートを保存しておく**

学習中に使ったワークシートやプリント、原稿の下書きなど様々な学習成果の具体物を残さず保存しておきます。

**（2）言葉の学びを振り返るための教師との伝え合い**

教師と相談して、プリント類の中から、自分にとって意味のある学習成果だけを抜き出してファイルなどに整理します。このファイルが「ポートフォリオ」です。

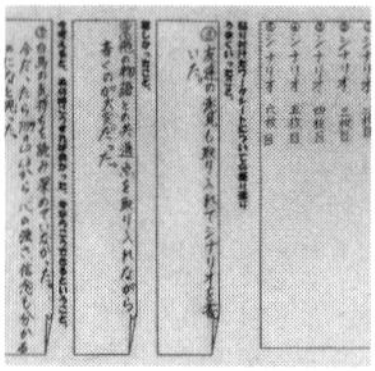

**（3）自己評価の三つの観点**

教師と相談しながら次の観点を基に自己評価を進めていきます。

・どんな点がうまくいったか。
・どんな点が難しかったか。
・どのようにすればより満足のいく成果が得られるか。

**（4）言葉の学びを他者と伝え合うためのポートフォリオ伝え合い**

自分にとって意味のある学習成果を整理したポートフォリオを友達と交換し、お互いが評価のコメントを書き合います。

**（5）言葉の学びを二つの観点にそって他者評価する**

互いがコメントを書き合う際に次の二つの観点を基に他者評価を進めていきます。

・うまくできている点。
・こうすればもっとよくなる点。

**（6）自己評価・他者評価の言葉が詰まったポートフォリオの完成**

自分自身の振り返りの言葉（自己評価）・友達からの言葉（他者評価）が書き込まれ、学びの足跡であるポートフォリオは完成します。

## 学びの成果を複数の目によって評価する

子どもたちは前ページのように自己評価を通して、学習過程を振り返りながら、できたことやできなかったことなどを評価カードに書き込んでいきます。これだけでも学びの実感となることでしょう。

また、ポートフォリオを家庭に持ち帰り、家族に見せながら学習の様子を説明したりもします。保護者からは、子どもの学びの成果や成長に対して様々な意見が寄せられます。親からのアドバイスによって新たな気付きも生まれることでしょう。

教師は、ポートフォリオに記入された自己評価や他者評価のコメントの例を基に、あらかじめ設定しておいた評価規準と照らし合わせながら、評価していきます。

## 指導と評価の一体化をめざして

教師にとって大切なことは、その時々の学びの足跡を評価の観点（評価規準）に沿って、位置付け、意味付けて、再び子どもに返すこと（フィードバック）です。一例を紹介します。

「君は、友達の意見のいいところを見つける力がついたね。それから、他の物語との共通点を見つけることができたのは大きな成果だよ。読み比べる力がついたということだね。

登場人物同士の人間関係が読み取れたということは、読み取る力がまた一つ増えたということだよ。

発表の声が小さかったけれど、内容は素晴らしかったから自信を持ってね。発表練習するときに人に聞いてもらったり、鏡を見て表情を確かめながら練習すればきっとうまくいくよ」

## やってみよう

今までの講義を振り返ってポートフォリオをつくりましょう。

〈用意するもの〉

今までの講義で使ったワークシート類・付せん（ピンク・青・黄色・緑色など）・台紙（B4サイズかA3サイズの大きな厚紙）

〈手順〉

**1　言葉の学びを振り返るための準備**

今までの講義で使った全ての資料やメモ類の中から、自分にとって意味のある学習成果だけを整理しましょう。今は必要ないと思っているものも、後で役に立つかも知れませんから、捨てないでとっておきましょう。

**2　言葉の学びを振り返る自己評価**（言葉の学びを三つの観点に沿って整理します）

●どんな点がうまくいったか（青色付せんにうまくいった点や役に立ったこと等を箇条書きし、プリント類に直接貼り付けておきましょう）

**うまくいった**
物語文の場面の分け方について理解することができた。

**うまくいった**
模擬授業のとき、友達からもうまいと言われて嬉しかった。

●どんな点が難しかったか（黄色付せん紙に難しかった理由などを書き込み、プリント類に貼り付けましょう）

**難しかった**
小学校の教科書だと思っていたが、改めて読んでみると意外と奥が深かった。主題を読み取ることは大変難しい。

**難しかった**
模擬授業のとき、人前で発表するのはとても恥ずかしい。慣れることはとてもできないと思った。

**難しかった**
模擬授業のとき、板書がどうしても斜めに曲がってしまう。どうすればいいんだろう。

●どのようにすればより満足のいく成果が得られるか（ピンク付せんに今後の課題を書いてプリント類に書きましょう）

**どのようにすればいいか**
主題の読みについて
一つの物語を読み進めるためには、他者の意見を参考にしたり、他の作品も読み深める必要がある。

**どのようにすればいいか**
模擬授業について
授業プランは、事前に二つ以上用意しておくことが必要だと実感した。

**どのようにすればいいか**
板書について
話しながら書くことが上手な人にコツを聞いてみよう。

### 3　ポートフォリオを作り、学びを他者と伝え合う

整理したプリント類を付せんと一緒に台紙に貼り付けていきましょう。台紙はB4サイズやA3サイズの大きな厚紙がいいでしょう。時系列に順序よく貼る方法もありますし、学び度ランキング毎に貼る方法もあります。貼り付けた後は、学習成果のぎっしり詰まったポートフォリオをグループ内で披露しましょう。できたことやできなかったこと等

を積極的に伝え合いましょう。

### 4　言葉の学びを二つの観点に沿って他者評価する（凝縮ポートフォリオの完成）

互いのポートフォリオを見ながら、気付いたことを付せん等にメモして貼り付けましょう。その際次の二つの観点を基に他者評価を進めます。

再び自分の手元に返ってきた台紙には、自己評価と他者評価の言葉がぎっしり詰まっていることでしょう。これでポートフォリオが完成しました。

**うまくできている点**

〈いい点〉

発表は私も苦手ですが、はじめ・中・終わりの構成メモが役に立ちました。
○○より

〈いい点〉

同じ作者の他の作品を読むことは、大変いいアイデアだと思います。私も読んでみたい。
○○より

**こうすればもっと良くなる点**

〈改善点〉

発表のとき、私が気を付けていることは、目線です。誰に顔を向けるか意識して発表するとうまくいくかも。
○○より

〈改善点〉

私は板書の始点と終点にマークを付けます。書きやすいですよ。板書計画を立ててね。
○○より

## 場面や方法を工夫して

体験したようなポートフォリオ評価学習活動を毎回行うのは、教師にとっても、子どもにとっても、時間がかかり大変です。学期毎や学年の終わりに行うことができればいいでしょう。

自己評価や他者評価、そして他者との交流を通して得られる学びの実感は、他の方法ではなかなか得られない貴重なものです。これらの利点を生かすために、ポートフォリオの方法を工夫し、年間を通して評価活動を取り入れている教師が増えています。

低学年の児童に分かりやすく簡略化した方法を考案し、小学校一年生からポートフォリオを始めているクラスがあります。また、ポートフォリオを使ってプリント類をまとめたり、ノートを整理したりするのであれば、最初からノートのとり方指導を行った方が効率がいいと考えて、ノート指導を徹底して行っている教師もいます。

朝の会のスピーチを毎回録画し、帰りの会でそれを見せながら、フィードバックをしている教師もいます。それらの教師に聞くと「評価の工夫が、結局は自分自身の指導方法を変えるきっかけにもなった」との答えが返ってきました。

このように活力ある現場の教師は、様々な評価の工夫合戦をしています。そして、教師が授業を工夫する教室では子どもたちの言語活動も豊かですし、国語科に対する関心や意欲が高いのも事実です。これから小学校教師を目指す皆さんは、若くて柔軟な思考を武器に、基本をしっかりと身に付け、さらに、どんどん工夫して、楽しい授業や学びの実感のある評価方法を開発してほしいと願っています。

## 学力を「評価する」とはどういうことか?

「評価」という言葉を聞くと、真っ先に思い浮かべるのがテストです。もちろん、テストといっても種類があり、マークシート方式のような客観テストから、小論文のような評価に主観が入る余地のあるものまで様々です。小学校では客観テストではありますが、記号だけでなく記述でも解答するようなテストが一般的です。

しかし、主観的な評価は駄目で、客観テストはいいという神話は、疑ってかからなくてはなりません。テストというのは、信頼性と妥当性に支えられる必要があります。簡単に解説すると、信頼性というのは「何度やっても同じ結果になること」、妥当性というのは「ある能力を測るのに適切であること」です。

例えば、50メートル走のタイムで考えてみましょう。ほとんどの子どもは数回走っても同じようなタイムになるはずです。もちろん、0コンマ何秒という違いは出るでしょう。しかし、それは誤差として考えることができる違いであり、基本的に子どもの走力は急に変わりませんので、「走る速さ」に対して50メートル走のタイムは信頼性があると言えます。

一方、妥当性についてはどうでしょうか。例えば、「50メートル走のタイムは僕の方が遅いけど、走るのは僕の方が速い」という主張は聞き入れられるでしょうか。普通はそういうことは起こりませんので、「走る速さ」に対して50メートル走のタイムは信頼性もあると言えます。

さて、信頼性に関しては、確かに客観テストは主観的な評価よりも高くなる傾向にあります。とはいっても、担任の教師が子どもをじっくり観察した上で行った主観評価と、調子の善し悪しで揺れの生じる客観テストによる評価を比べたとき、本当に客観テストの信頼性が高いかは疑問です。テストなどしなくとも、担任の先生は、子どもの能力を推測できることはよくあることです。

また、妥当性に関しては、客観テストが「何の能力を測っているのか」をよく考える必要があります。例えば、漢字テストのような主観が入りにくいテストでも、「明日、漢字テストするよ」と予告して行ったテストの結果は、「特定の漢字について準備を十分にした状態の記憶率」を測っているだけであり、その結果を「日常生活においてどれだけ漢字が読めるかという能力」に転用することはできません。しかし、私たちはつい漢字テストの結果を見て、その子どもの漢字能力全てを判断するようなことをしてしまいがちです。物語文教材による読解力や、説明文教材による論理力のような主観が入りやすいテストの場合は、妥当性を確保することはさらに難しくなります。

もちろん、客観テストは子どもの能力を測るための一つの方法ではあります。しかし、逆に言えば一つの方法に過ぎません。本章のポートフォリオ評価など、形成的評価（時間軸に沿って行う評価）や、教師による主観的評価も含め、様々な側面から学力は測られなければなりません。

15章

# まとめ

この章のねらい

- 小学校における国語科教育法を振り返る

これまでの十四章で国語科教育法についていろいろと学んできました。この章では、これまでの学びを振り返るために、こちらから様々な質問をします。それに答えながら、今まで学んできたことを整理していきましょう。

## 1章　国語って、何を教える教科？

①「言葉の力」を発達させるために大切なことは何ですか。

②「認識を深める」ということについて、第一章の日記以外の例を用いて説明してください。

③国語科の目的と算数科・理科・社会科の目的の違いについて説明してください。

④「漢字を覚えること」が国語科の基礎だとしたとき、これとペアになる国語科の基本とは何ですか。

## 2章　授業時間の四十五分をどう生かすか

①物語文の授業をするとき、導入五分、展開三十分、まとめ十分でそれぞれ何をしますか。

②学習指導案を書くにあたって、教材観と児童観の違いは何ですか。

③学習指導案の本時の指導で、学習活動として「新出漢字を確認する」とした場合、指導上の留意点にどのようなことを記入すればいいでしょうか。

## 3章　子どもが食いつく発問のテクニックとトレーニング

①どの教材でも構いませんので、具体的な教材を取り上げ、「たしかめ発問」の例を挙げてください。

②どの教材でも構いませんので、具体的な教材を取り上げ、「つっこみ発問」の例を挙げてください。

③インタビューゲームにおいて、質問の順番はどのように決まるものか説明してください。

④一問一答ではなく、子どもたちが主体的に活動できるようにするための、教師の働きかけの工夫について説明してください。

## 4章　子どもの発言を目に見える形にする板書メモのテクニックとトレーニング

①板書をするときの基本的な注意事項を五つ挙げてください。

②次の漢字の筆順を答えてください。右、左、用、乗、歯、業、発、局、必、情、片、延

③板書計画とは何かについて説明してください。

④子どもたちの意見をそのまま板書するだけでなく、伝え合いの様子が分かるように示す

には、どのような工夫をすればいいですか。
⑤子どもたちから意見が次々と出て、板書しきれないときの工夫を挙げてください。

## 5章　場面の読み取りを大切にする物語の授業

①範読をするときに注意すべき点や準備すべき点を、それぞれ挙げてください。
②物語の場面分けをするときのルールについて説明してください。
③人物の心情の変化を読み取らせるときのポイントについて説明してください。
④授業において「物語の主題」をどのように扱えばいいでしょうか。

## 6章　理科や社会科にならないための説明文の授業

①理科や社会科の教科書の本文を読むことと、国語科で説明文を読むこととの違いを説明してください。
②形式段落に分けたあと、三部構成や四部構成にまとめるときの基準について説明してください。
③要点をまとめる指導をするときの重要なポイントは何ですか。
④説明文の読解指導を生かし、説明文を書く指導をするときに、適切だと思われるテーマを三つ以上挙げてください。

## 7章　書けない子でも書けるようにする作文の授業

①日記を書かせるとき、その日にあった出来事を書くこと以外の面白そうなテーマを挙げ

てください。

②子どもの日記から「日記の書き方のポイント」を取り上げるとしたとき、どういうポイントを取り上げればいいですか。

③PISA調査における読解力の定義について、例を挙げて説明してください。

④意見文を評価するときの基準を三つ以上挙げてください。

## 8章　声に出して味わう古典の授業

①令和二年度から全面実施となった学習指導要領における古典の扱いについて説明してください。

②小学校において古典を扱うとき、どのような指導を中心にすべきですか。

③音読させるだけの活動では子どもたちは飽きてきます。活動にどのような工夫をすればいいでしょうか。

④「読み聞かせ」「ブックトーク」「ストーリーテリング」の違いを説明してください。

⑤俳句については、創作だけさせて、作らせっぱなしでは十分に学びになりません。創作活動の後にどのような学習活動を用意すればいいでしょうか。

## 9章　討論や発表を楽しむ授業

①「プレゼンテーション」「ディベート」とは何ですか。それぞれ説明してください。

②一般的な自己紹介と「ショウ&テル」による自己紹介の違いは何ですか。

③プレゼンテーションを行うために、その過程でどのような活動が必要ですか。

④ディベートを行うために、その過程でどのような活動が必要ですか。

## 10章　漢字指導は国語科指導のいろはのい

①小学校の学習漢字は全部で何字ですか。また、各学年の配当漢字は何字ですか。
②各学年の配当漢字について、当該の学年で読み書きすることとの関係を説明してください。
③漢字指導の際に注意すべき点を三つ以上挙げてください。
④ＰＣでプリントなどを作成するとき、どんな書体（フォント）を使えばいいですか。
⑤筆順を指導することの意義を説明してください。
⑥「そらがき」とは何ですか。説明してください。

## 11章　字形と書く速さを意識する書写の授業

①書写と書道の違いについて説明してください。
②ひらがなは小学校に入学してから教わることになっていますが、実態はそうではありません。入学時の実態とその対策について説明してください。
③ひらがなやカタカナは一年生に対して指導します。一年生に対して、「い」を上手に書かせるための言葉がけを考えてください。
④毛筆で書写をするために必要な「永字八法」について説明してください。

## 12章　個人差への対応と机間巡視

①「できる子には別メニューを用意しておく」ことの具体例を挙げてください。

②「できない子への個別指導」の具体例を挙げてください。
③机間巡視を行う際のポイントを三つ以上挙げてください。
④書けない子どもはどのようなパターンで書けないのか三つ以上挙げてください。
⑤書く活動の後に、伝え合う活動を用意する場合、机間巡視でやっておくべきことは何ですか。

## 13章　先生の言葉遣い

①「教育話法」とは何ですか。具体例を挙げて説明してください。
②子どもが教師に求めているものを五つ以上挙げてください。
③「不安を取り除く言葉」として具体的にどのような言葉がありますか。また、逆に「不安にさせる言葉」についても挙げてください。
④子どもの誤答に対する対応において、どのような点に注意すべきですか。具体例を挙げて説明してください。

## 14章　学んだ実感を味わわせるポートフォリオ評価

①「国語の学力」として評価しやすい側面と、評価しにくい側面のそれぞれについて、具体例を挙げて説明してください。
②「ポートフォリオ評価学習活動」とはどんな活動ですか。説明してください。
③「指導と評価の一体化」とは何ですか。説明してください。
④自己評価と他者評価を組み合わせることの意義について説明してください。

対談

# 近くから見る現場、遠くから見る現場

小学校教師と研究者が語る、意外と知らない先生の仕事

## ジシューって何だ？

牛頭　二年生の担任をしていた時のことです。出張を明日に控えた前日の終わりの会に「明日、先生は出張なので、代わりの先生が来られますよ。でも、三時間目だけは自習になります」と言ったところが、「先生、ジシューって何ですか?」と子どもたちが口々に聞きます。「ジシューって、自分で勉強するんですよ」と言いながら黒板に「自習」と板書しますと、今度は「先生、ジシューの教科書はどれですか?」と聞きます。すると他の子たちも「ジシューの教科書持ってないよぉ」とか、「ジシューの教科書は家で見たような……」「ジシューノートがないよ」などと口々に叫びはじめます。それで、その後は自習の説明に十分間。ようやく理解してくれた子どもたちが、今度は「自習って面白そう」「いつも自習がいいなぁ」などと言い出す始末で、明日の出張中にこの子たちは大丈夫かいなぁと心配したものです。

森　面白いですね（笑）。ここでのポイントは「思い込み」ですね。これくらい説明しなくても分かるだろうと思い込んで話をすると、大変なことになるということです。牛頭先生のクラスの子どもたちは、「ジシューって何だ?」と疑問があったらすぐに質問してくれたので、きちんと説明することができたわけですが、教室によっては、先生に素直に質問できないクラスもあるのではないかと思います。

牛頭　そうなんですよ。もし、質問ができないと、子どもたちは「ジシューの時間」に何をすればいいのか分からない状態になってしまいます。何をしていいのか分からない状態というのは、低学年の子どもにとってはストレスですよね。同じように、普段の授業でも、先生が「これくらい分かるだろう」と思い込んで授業を進めている場合があるのではないかと思われます。例えば、前の年に高学年の担任だった先生が、次の年、低学年の担任になった場合、ベテランの先生でも最初はとまどいを感じます。ベテランの先生は、子どもたちの反応を見て、「あっ、この話し方では駄目だ」と敏感に気付き、子どもたちに分かるように「言葉を砕いて」分かりやすいように話し方を変えます。この「言葉を砕く」技能を身に付けている先生の場合はいいのですが、そうではない先生が担任をしているクラスの子どもたちは不幸です。先生が何か説明する度に「ナンダカ、ヨクワカラナイ」状態が続くわけです。

森　先生の言うことが「ナンダカ、ヨクワカラナイ」状態というのは、子どもの側からはなかなか言い出せないことです。日本中の教室で、知らず知らずのうちに子どもに負荷をかける話し方をしていることは、よくあることではないでしょうか。この本では、第13章に「教室話法」を取り上げています。この本は国語科教育法の本なので、本来は全教科に通じる教室話法を取り上げることが適切かどうか迷ったのですが、あえて入れました。それは、どうしても教員養成では、「何を教えるか」という教科内容に偏りがちだからです。さらに、「どのように教えるか」ということもグループワークなどの教育方法に意識が向きがちです。もちろん、教科内容も教育方法も授業には欠かせないものですが、日本語で授業をする以上、「どのような言葉で子どもたちに伝えるのか」というのは、大前提になると思うのです。

## 範読しない先生

牛頭　国語科と言えば音読というくらい大切な活動ですが、この音読が上手なクラスと下手なクラスというのがあるんですね。上手なクラスというのは、音量、スピード、間のとり方や会話文の読みが実に素晴らしい。どの子どもに読ませてもきちんと読めるんです。ところがそうじゃないクラスだと、これはもう大変なことで、何だか自信なさそうに申し訳なさそうに読むんです。それだけではなく、読めない文字や漢字があると止まる子もいる。会話文は棒読み。間違うとクラスの他の子が笑ったりもします。「教室では友達の失敗を笑わない」というのが鉄則ですが、そのような学級経営もうまくいってないようです。

森　なるほど。そうした差が生じる場合、様々な理由があると思いますが、牛頭先生としては主にどういった理由が思い当たるでしょうか。

牛頭　真っ先に思い付くのは、担任の先生が範読をするかしないかですね。範読というのは聞き慣れないかも知れませんが、教師が模範として音読することです。範読をするかしないかによって、子どもたちの音読は大きく違ってきます。教師の範読は音読指導の基本中の基本なのだけれども、それをやらない。自分が読まずに範読のCDを聞かせることをしますね。まあ、CDを聞かせるのはまだ良心的かも知れません。いきなり子どもに読ませて間違いを指摘するというタイプの指導も見受けられます。これでは子どもがかわいそうですし、指導というよりもいじわるに近いものを感じます。

森　なるほど。国語科に限った話ではないと思いますが、教師の行動は子どもたちの模範となるべきだと思いますので、その意味では先生がクラスの子どもたちに音読がうまくなってほしいと思うのであれば、まず先生が範読をすることは大切ですね。

牛頭　そうなんですよ。範読についてもう少し言うと、先生がろくに練習もしないで、変なアクセントやイントネーションの音読をしたのでは、とても範読とは言えません。とにかく、教師は、一日に一度は教科書の音読を真剣に行い、自分の音読技術が錆《さ》び付かないようにしっかりと磨き、自信あふれる音読ができるように、日ごろから努力しなければならないと思います。

森　なるほど。子どもたちへ要求することは、まず自分自身がしっかりと行うということですね。時間に遅れない、忘れ物をしないといった一般的な注意事項も、まず先生が守っていないと子どもたちは言うことを聞きませんし、信頼も生まれません。音読が上手になってほしい、読書をたくさんしてほしいという先生の希望や要求も、まずは自分自身からということですね。

牛頭　そうですね。そして範読を聞かせたら、次の段階が音読指導です。まずは正確に読むことから始める。一字一句間違えずに読むということです。読む量は少なくてもいいので、とにかく間違えない、つっかえない、止まらない。最後に肝心なのは、子どもができたら、大げさにほめる、ということです。会話文なんかも、上手に読める子が一人でもいればとにかくほめる。そして、全員に真似をさせる。真似ができたらまたほめる。この繰り返しですね。

森　確かにそうですね。基本である音読指導をおろそかにしていたのでは、子どもたちは教師の読解指導にも共感できませんよね。

牛頭　その通りです。基本である音読指導をしっかりするのが大前提で、それでやっと読解指導として、子どもの前で教師の「読み」を披露することができるんです。山本五十六の言葉に「やってみせて、言って聞かせて、やらせてみて、ほめてやらねば人は動かじ」

という名言がありますが、音読に限らず学習というのは、まさにこの言葉通りだと思います。

## 時間がない、忙しすぎると言うけれど

牛頭　日記指導や作文指導で大変だという声をよく聞きます。子どもの日記に毎日びっしりと誤字脱字や句読点、「　」や改行などの朱を入れ、さらにコメントを書いて返している先生もいらっしゃいます。それは大変な労力です。日記はその日のうちに返してやらなければならないという使命感もあり、職員室でも教室でも脇目もふらずに日記指導をされています。このような先生には職員室でうかつに話しかけませんし、ちょっとした仕事を頼んだりもできません。クラスの子どもも心得たもので、「先生遊ぼう」などと誘いません。とても大変そうだからです。そして、実際に大変にお忙しいのです。

森　なるほど。しかし、子どもたちが「先生忙しそう」と気を遣って「先生遊ぼう」と言えないのは、少し寂しいですね。

牛頭　そうですね。だから私は、「日記指導って一週間に一回でいいんじゃないの」などと言うこともあるのですが、「そんな考えだから表現力がつかないのですっ」と大変な剣幕で叱られることもあります。けれども、「何のために」ということを考えると、努力の方向が少し違う気がするんですね。「真っ赤に朱の入った日記を返されて、子どもたちは本当に嬉しいのかなぁ。また書こうという意欲は湧くのかなぁ。毎回同じ間違いを、毎回同じように指摘して朱を入れているんじゃ、指導したことにならないんじゃないかなぁ」と思ってしまうわけです。

森　私も教員志望の学生さんに添削方法の指導をすることがあるのですが、誤字・脱字など、表記に関する添削に偏りがちですね。経験が少ないと、とにかくやりやすい表記面を添削しようとするようです。もちろん、表記面の添削も大切なのですが、あまり細々とした表記についてばかり朱を入れられると、子どもたちは自信をなくしてしまい、書けなくなってしまうこともありますよ、と伝えています。

牛頭　意欲面への目配りも大切ですね。ところで、私は日記指導できっちり指導できる限界が一日六人程度と考えています。一時間目と二時間目の間の十分で、全員の日記を読みます。二時間目と三時間目の間の十分間の休み時間に二人にコメントします。うまくいけば、三時間目と四時間目の間にもコメントを入れることができることもありますが、たいていは給食の後の三十分間の休み時間を利用して四人から六人のコメントを入れます。給食を早く食べて、子どもたちがまだ食べているときにコメントを書き込みます。給食中に「へぇ昨日こんなことあったんや。大変だったなぁ」とか、「で、この後どうしたの?」とか、日記の内容について質問したり、感想を言ったりもします。そうやって、子どもとコミュニケーションをとりながら、感想のコメントを書き込んでいきます。給食が終わった後は、子どもたちと校庭で遊びます。遊ぶのも先生の仕事だと思っていますから、精を出して遊びます。「サッカーしようぜ」と誘ったりもします。ですから、一日の限界が六人程度なのです。四十人の学級であれば、五日間でちょうど四十名の日記を読むことができるように、一日八名程度の日記を読むことになります。幸いなことに最近は、多くても三十人程度のクラスですので、六名くらいでちょうどいいのです。

森　なるほど。具体的な時間配分までお話しいただけると実感が湧きますね。確かに日記指導だけが先生の仕事ではありませんし、国語だけが教科指導ではなく、他教科もあります。効率のいい時間の使い方は、先生の資質としてかなり大きいですね。

牛頭　子どもが先生から返ってきた日記の何を一番楽しみにしているかというと、先生の感想やコメントです。そのコメントが、「読みました」「よく書けています」「様子がよく分かります」「間違いが少なくなりましたね」だけだったら、つまらない。書いた子どもとしてはがっくりです。ですから、最重要なのがコメントです。私の場合、ほとんどが会話形式のコメントです。例えば、あまり詳しく書けていない日記の場合に、「へぇ、どうしてそんなことになっちゃったの?」「よく分からないなぁ、それって要するに、どういうこと?」「おいしいっていっても、どんな感じ?　チョコレートと比べてどうなの?」「たのしかったです、って書いてあるけど、全然楽しそうじゃないなぁ。ホントに楽しかったの?」なんていう、ちょっといじわるなコメントもします。

森　確かにその通りですね。先ほども述べた教員志望の学生さんへの添削指導ですが、表記面の添削はできても、子どもたちの意欲を高めるコメントが難しいようです。もっともコメントというのは、人と人とのコミュニケーションですから、練習でできるものでもないということもあると思いますが。子どもの顔を思い浮かべて、「どういう反応をするかな?」と考えながら書くものですからね。

牛頭　はい。コメント重視です。誤字・脱字など表記面のチェックはもちろんしますが、漢字の間違いには正しい漢字を書いてやります。その他の間違いなども句読点を書き込んだり、改行マークを入れたりするくらいです。一つだけこだわりがあるのは、書き出しに

「ぼくは」や「わたしは」を使うのを禁止していることくらいです。なぜなら、文章の書き出しは最も工夫しなければならないと日頃から指導しているからです。そして、素晴らしい日記には必ず「花丸」を付けることです。だから花丸の付いた日記が返ってくると子どもたちは大変喜びます。

## 初任者だからって

牛頭　地域によっても違いがありますが、新規採用の先生が増えていることは歓迎すべきことです。私が小学校教員をしていた愛媛県では、何年も新規採用の先生が配属されない地域がありました。若い二十代のピチピチの先生が一人もいない状態です。若手の先生が来ませんから、学校によってはもうすぐ五十歳になるかという白髪まじりの先生でも、現役バリバリの体育主任として活躍しています。

森　文部科学省の学校教員統計調査では、おおよそ三年ごとに教員数などの調査をしています。平成元年（一九八九年）のデータを見てみると、全国平均が三九・五歳、愛媛県の平均が三八・二歳ですね。平成十年（一九九八年）になると、全国平均が四一・八歳、愛媛県が三九・三歳。平成十九年（二〇〇七年）になると、全国平均が四四・五歳、愛媛県が四三・八歳。最新の平成二十八年（二〇一六年）になると、全国平均が四三・四歳、愛媛県が四七・〇歳です。全国的に高齢化は進んでいますし、愛媛県に関して言えば、二十七年前は全国平均よりも低かったのに、現在では逆転して全国平均を大きく上回っています。最近になって、団塊ジュニア世代の小学校入学に合わせて大量に採用された世代が退職し始めていますので、都市部では教員採用枠が広がっています。

牛頭　退職数だけではなく、少人数学級の影響もありますね。

森　はい。その通りです。ただ、都市部に比べて地方ではそれほど採用が増えていませんので、都市部の平均年齢の低下（平成二十八年で東京四〇・四歳、神奈川四〇・二歳など）に比較して、地方では教員の高齢化が顕著になってきています。

牛頭　なるほど。現場では、若手の先生が赴任すると学校が活気づきます。毎日ひたむきに熱心に教育活動に励んでいる若い先生に負けてはいけないと、高齢化していた職員室が活性化するのです。けれども、課題が多いことも事実です。というのは、子どもや保護者にとって、若手の先生でも、ベテランの先生と同じ力を要求されるからです。若い先生だからといって、「これはできなくていい」とか「あれは無理だろう」では困るのです。とにかく教師としての責任を果たす義務があるのです。ベテランの先生に比べて経験値の少ない若手の先生に必要なものは何か。それは、「めげない心」と「粘り強い実行力」です。

森　よく言われることですが、初任者も、ベテランも、子どもから見たら、等しく「先生」であるということですね。

牛頭　その通りです。つい三月まで教育学部の学生さんだった若者が、四月からは「先生」と呼ばれる教育公務員として職責を果たす立場になるわけですから、いきなり学級担任を任される新規採用の先生は、大きなストレスを抱えて日々生活することになります。そのプレッシャーに打ち勝つためにも、「めげない心」と「粘り強い実行力」が必要です。「実際は先輩教師が色々と教えてくれるんじゃないの？」とか、「新規採用教職員のための研修制度もあるから心配ないだろう」とか、楽観的に考えることも必要ですが、それがなかなか難しいのが現場の悩みなのです。

森　そうなんですか。現場での状況を詳しく教えていただけますか。

牛頭　まず、現場では先輩教師はいるけれども、残念ながら、若手を指導することに慣れていないのです。例えば、先に述べた四十歳代後半の体育主任の例ですが、彼は新規採用から二十年以上体育主任をしています。言い方を変えると、二十年以上も若手教員として働いてきたのです。例えば、学年主任や研修主任、あるいは教務主任のような責任ある立場で働いたことはあまりありません。体育指導については超ベテランですが、その他の教科指導や学級経営のノウハウについて、若手に指導できる立場に就いたことがないのです。また、新規採用の若手の先生が、いきなり五十代のベテランの先生に教えを請うために話しかけることも、なかなかできないかも知れません。せめて、二十代後半とか三十代の先生がいらっしゃれば、若手の先生も気軽に色々とアドバイスを受けられるかも知れませんが、相談するにも、もう一つ世代が上の先生にはなかなかできないものです。

森　なるほど。では、若手の先生はどうやって教育技術を磨いていけばいいんでしょうか。

牛頭　そうですね。教育技術を磨くためにすべきことと言えば、それは自分自身の毎日の仕事を振り返ることに尽きると思うんですね。教師を目指すほとんどの学生さんが考える理想の教師像は、だいたい以下のような姿であると思います。

明るく元気な先生でありたい。

楽しい授業、分かる授業をしたい。

子どもに好かれる先生でありたい。
親から信頼される先生でありたい。
学校組織の一員として役に立つ人材でありたい。

素晴らしい理想ですし、ほとんどの教師がこの姿を目指して、日々努力しています。そして、実際にそのような力量を身に付けた先生方が大変多いのも事実です。これらの力量を身に付けた素晴らしい先生方に共通して言えるのは、三十代の中盤までにその地位を確立しているということです。つまり、新規採用からの十年が勝負ということです。

森　なるほど。この十年の間には、授業の技術だけではなく、子どもとのコミュニケーションのとり方なども学んでいく必要がありますね。

牛頭　そうですね。コミュニケーションが重要であることは言うまでもありませんが、さらに取り組むべきことがいくつもあります。例えば、常に次の手を考えるシミュレーション力、効率いい仕事の段取り、そして、同僚の教員や保護者に対する言葉遣いなどです。これらの重要性をきちんと自覚して取り組む必要があります。そして、自分自身の毎日の仕事を、しっかりと振り返り、明日につなげることです。しかも、それらの振り返りは、きっちり仕事をした後に行います。終業時間はだいたい五時頃の地域が多いと思いますが、そんな時間に帰宅できることはまずありません。六時、七時になるのは当たり前。生徒指導上の問題が起こったときなどは、帰宅が夜中になることだってあります。しかも、教育公務員ですから、何時間余計に働いても残業手当などというものはつきません。しかし、それでも頑張るのが現場の先生というものです。とにかく先生とは強い精神力と体力がいるタフな仕事です。

森　なんだかこのお話だけを聞いていると、教員になることが恐ろしくなって自信を失う学生さんもいると思うので、ポジティブな面も最後にお願いします。

牛頭　これは失礼しました。怖がらせるつもりではなかったのですが、つい熱くなってしまいました。教員は充実感のある素晴らしい仕事です。大変な面はありますが、自分がやったことが、そのまま目の前の子どもたちのためになり、そして子どもたちからその成果がストレートに返ってくるという点にやりがいを感じると思います。みなさんも子どもたちと一緒に成長していくというつもりでやっていけばいいと思います。

森　ありがとうございました。最後のフレーズを聞くと、つい「成長しない教師は子どもたちに置いていかれますよ」とも言いたくなってしまいます。子どもたちの成長は早いですからね。子どもたちの成長を目の当たりにできる教師という仕事は、私も素晴らしいと思います。本書を読んでおられる教員志望者は、ぜひ本書で学んだことを生かして、教師としての一歩を踏み出してほしいと思います。

# おわりに

森　篤嗣

小学校の教師になるということはどういうことでしょうか。もちろん、大学で小学校教員免許を取得し、教員採用試験に合格するなり、期限付き講師として採用されるなりすれば、小学校教師になることはできます。もしくは教育実習でも、子どもたちから見れば小学校教師なので、それも小学校の教師になると言えるかもしれません。

しかし、ただ子どもたちの前に立っただけで教師になったと言えるのでしょうか。教師になるということは、小学校教師としての専門的な知識や技術を身に付け、子どもたちに「面白い！」「なるほど！」「そうなんだ！」と言ってもらえるような授業ができるようにならなければいけないのです。

国語という教科は「答えがない」「分かりにくい」「教えにくい」教科だとも言われます。しかし、「答えがない」ということは、子どもたちのそれぞれ多様で個性的な考えを引き出すチャンスだとも言えます。「分かりにくい」「教えにくい」からこそ、やりがいがあるとも言えます。何より、国語科は子どもたちの言葉の力を支える教科です。それは社会で生き抜くための底力と言ってもいいでしょう。

そして、みなさんに伝えておきたいことがあります。それは国語科を好きになって欲しいということです。国語科に限ったことではありませんが、子どもたちに教えるということは「まず自分から」始まります。先生が面白いと思っていないことは、子どもたちも面白いと思うわけがありません。読書をさせるなら、まずみなさんが読書を、作文を書かせるなら、まずみなさんが作文を書いてみてください。

国語科を好きになるということはどういうことでしょうか。国語科の対象は読書や作文だけではありません。日常会話も「話す・聞く」の対象です。家族や友達の言葉に耳を傾け、どう思うか、何を感じるかを振り返るようにしましょう。マンガやアニメも物語です。子どもたちはマンガやアニメの何に共感するのか考えましょう。大学の授業はプレゼンテーションです。眠くなる授業とそうでない授業の差を自分の糧にしましょう。身の回りの言葉やコミュニケーションに敏感にアンテナを張り、国語科を好きになってください。

私自身は小学校教員免許を持ってはいますが、小学校教師ではありません。しかし、数多くの小学校を訪れ、数多くの授業を見学させていただいています。そして、数多くのベテランの小学校教師のワザに魅せられ、それらのワザを何らかの形で共有できるようにするために研究をしています。映画で言えば、子どもたちが役者、先生方が監督、私のような研究者は大道具係です。みなさんには本書で身に付けた知識や技術を生かし、子どもたちという役者を輝かせる立派な小学校教師を目指して欲しいと思います。

牛頭哲宏（ごず てつひろ）

神戸常盤大学教育学部こども教育学科教授。1962年愛媛県生まれ。兵庫教育大学大学院修士課程修了。修士（学校教育学）。1986年に愛媛県東宇和郡城川町立魚成小学校講師として小学校の教壇に立ち、1988年愛媛県東宇和郡宇和町立多田小学校教諭などを経て、26年間愛媛県の小学校に在職。専門は国語科教育。著書に『ロールプレイでコミュニケーションの達人を育てる　小学生のための会話練習ワーク』（共著、ココ出版）、『国語でつけたい言葉の力　評価規準を考えた指導事例集』（共著、東京書籍）、『基礎・基本から活用力まで新国語力ワーク（高学年編）』（共著、明治図書出版）、主な論文に「小学校の実践授業の展開［高学年］読みの力を鍛える発問と板書の技」（『実践国語研究』305）などがある。

森 篤嗣（もり あつし）

武庫川女子大学教育学部教育学科教授。1975年兵庫県生まれ。大阪外国語大学大学院博士後期課程修了。博士（言語文化学）。Chulalongkorn University（タイ・バンコク）、実践女子大学、国立国語研究所、帝塚山大学、京都外国語大学を経て現職。専門分野は日本語学、国語科教育、日本語教育。著書に『ロールプレイでコミュニケーションの達人を育てる　小学生のための会話練習ワーク』（共著、ココ出版）、『にほんごこれだけ！ 1&2』（共編著、ココ出版）、『私たちの日本語』（共著、朝倉書店）、『日本語教育文法のための多様なアプローチ』（共編著、ひつじ書房）、『国語からはじめる外国語活動』（共著、慶應義塾大学出版会）などがある。

現場で役立つ小学校国語科教育法　改訂版

2012年9月10日　初版第1刷発行
2024年3月25日　改訂版第1刷発行

著　者　牛頭哲宏・森 篤嗣
発行者　吉峰晃一朗・田中哲哉
発行所　株式会社ココ出版
〒162-0828　東京都新宿区袋町25-30-107
電話　03-3269-5438
ファクス　03-3269-5438
装丁・組版デザイン　伊藤 悠（okappa design）
印刷・製本　株式会社シナノパブリッシングプレス

定価はカバーに表示してあります
ISBN 978-4-86676-074-2

ロールプレイでコミュニケーションの達人を育てる
## 小学生のための会話練習ワーク

森篤嗣・牛頭哲宏 著
ISBN 978-4-904595-04-6　定価 2,200 円

これまで学校教育ではあまり扱われてこなかった、日常生活における言語活動に焦点を当てたワークブック。身近なテーマについて演じ、それを教師、友達、そして、自分自身が「評価」することで、普段何気なく行っている会話を客観的に振り返ることができるようになる。

## はじめてみませんかリレー作文
新しい協働学習の試み

野口潔・大須賀茂 編著
ISBN 978-4-86676-066-7　定価 3,080 円＋税

話し合いを交えながら、複数人が内容を書きつなぎ、一つの物語を完成させるという「リレー作文」の入門書。本書を手に、みなさんも新しい協働学習に挑戦してみませんか？

## 日本語教育に創作活動を！
詩や物語を書いて日本語を学ぶ

小松麻美 著
ISBN 978-4-86676-072-8　定価 2,640 円＋税

創造的想像力（クリエイティビティ）は、だれもが潜在的に持っている能力である。しかし、創作に取り組むことはそう簡単なことではない。本書では、どのような「しかけ」を用意すれば日本語教育における実り豊かな創作活動が実現できるのかを、実践例を紹介しながら検討していく。

## にほんごこれだけ！　1

庵 功雄 監修

ISBN 978-4-904595-06-0　定価 1,100 円

ゼロ初級の外国人参加者が、おしゃべりを楽しみながら、基本文型が身につく画期的なテキスト。活動に組み込まれた「隠れ文法」により、外国人参加者は自然に文型を習得できます。文型一覧や50 音図などを掲載した「したじき」など、ボランティア応援のアイディアが満載。活動の中で日本人参加者も「やさしい日本語」が使えるようになります。

## にほんごこれだけ！　2

庵 功雄 監修　岩田一成・森篤嗣 編

ISBN 978-4-904595-14-5　定価 1,320 円

大好評の地域日本語教室向けテキスト『にほんごこれだけ！』の続巻です。外国人参加者が、おしゃべりを楽しみながら、基本文型が身につく画期的なテキストです。活動に組み込まれた「隠れ文法」により、外国人参加者は自然に文型を習得できます。文型一覧や動詞活用表を掲載した「したじき」など、『2』でもボランティア応援のアイディアが満載。活動の中で日本人参加者も「やさしい日本語」が使えるようになります。

## にほんごこれだけ！の「これだけ」ヒント集＋単語リスト［10 言語翻訳付］

庵 功雄 監修　岩田一成・森篤嗣 編著

ISBN 978-4-86676-058-2　定価 2,640 円

地域日本語教育向けおしゃべり型教材のロングセラー『にほんごこれだけ！ 1・2』の使い方を詳しく紹介したものです。それぞれの課のおしゃべりの進め方を例示するとともに、各トピックに隠された文法項目を説明しています。また、各課に登場する語彙をリスト化し、10 言語（中国語・韓国語・ポルトガル語・スペイン語・英語・タイ語・ベトナム語・タガログ語・インドネシア語・ネパール語）の翻訳を付けました。言語習得や日本語教育文法の研究成果を紹介するコラムや、おしゃべりの展開に利用できる「ネタ帳」も多数収録しています。『にほんごこれだけ！ 1・2』を利用しているボランティアさん必携の本です。